観音さま

鎌田茂雄

講談社学術文庫

はじめに

仏教にはたくさんの仏や菩薩《ぼさつ》が説かれているが、もっとも人々によく知られ親しまれているのが観音菩薩《かんのんぼさつ》である。それは中国でも韓国でも日本でも同じである。

中国大陸のどんな寺院、それは香港でも、台湾でも、東南アジアの華人社会（中国大陸から海外に移住した中国人の社会）にある寺院でも同じであるが、必ず大雄宝殿《だいゆうほうでん》（お寺の中心になる建物、本堂）の中央にある釈迦仏などの本尊仏の背後には、観音が祀られている。それらの観音は立っている姿がほとんどであるが、南海大士とか慈航《じこう》大士とか呼ばれて中国の民衆に親しまれている。寺院によっては別に立派な観音殿があり、観音を祀ってあるところもある。韓国においても観音はいたるところに祀られており、多くの信者がいる。

学生時代に修学旅行で京都や奈良を訪れ、有名な寺院をまわり、たくさんの仏像を見たという読者の方も多いにちがいない。奈良の大仏のような大きな仏像だけでなく、法隆寺や広隆寺などの古い由緒ある寺院の中で、静かに安置されている仏像を見たことであろう。

しかし、その仏像が何であったかなどということは、ほとんど関心もなく覚えていないのではなかろうか。実はそれらの仏像の中には、奈良・法隆寺の救世《くせ》観音、法華寺の十一面観音、東大寺の不空羂索《ふくうけんじやく》観音、広隆寺の如意輪《にょいりん》観音、京都・三十三間堂（蓮華《れんげ》王院）の千手観音など、多くの観音像があったはずなのである。

どんな人でも人生において思わぬ不幸に出遭うことがある。交通事故などによって一瞬にして可愛い子供を亡くした親の悲しみはいかばかりであろうか。病によって配偶者に先立たれることもある。事故や病気は人生に必ず起こるものである。

そんなとき、生きる希望を失った人の、生きる支えとなり、心の糧となるのが宗教であるが、その中でもっとも多くの人々の信仰を集めてきたものが観音なのである。人間のあらゆる苦しみを救ってくれるという柔和な表情の観音の前で合掌することによって、心の安泰が得られる人は数多くいる。心の苦しみや不安をやわらげるために近くの観音を拝むだけでなく、遠く西国三十三所などの観音霊場をまわる人々も決して少なくない。

もともと仏教はインドに起こり、中央アジアを経て、西域を通り中国へ伝えられた。中国に伝わった仏教は、東アジアの仏教の中核となり、さらに朝鮮や日本に伝えられた。観音も初めはインドで成立した菩薩であったが、やはり中央アジア、西域を通って、中国から東アジア世界に伝えられてきた。そして中国においては女性化が進行し、女神のように慈悲深い仏として造形されて、多くの民衆に信奉されてきたのである。

本書はその観音信仰の展開を中心にして、仏教がいかに東アジアに広まっていったかを追うものであり七章より成る。

第一章「観音とは何だろう」では、観音の相《すがた》や用《はたら》きについて述べ、観音の本質を考えてみる。

第二章「観音の誕生」では、観音が説かれている経典を紹介し、インドでどのように観音が生まれたかを明らかにする。

第三章「『観音経』の教え」では、観音を説いた経典の中でもっともポピュラーな『法華経』の第二十五章にあたる「観世音普門品《ふもんぼん》」＝通称『観音経』の内容を紹介し、その教えをわかりやすく説明する。

第四章「観音信仰の歩み」では、『法華経』が誰によって中国語に翻訳されたか、また、その『観音経』によってどのような多くの霊験物語が生まれてきたか、中国人が観音信仰をどのように受け入れ、その信仰が広まっていったかをみていく。

第五章「アジア民衆の中に生きる観音」では、女性化して道教の神となった観音娘《ニャンニャン》娘《ニャン》や、説話によく出てくる楊柳《ようりゅう》観音をはじめとして、アジアの民衆にいかに観音が親しまれ信仰されてきたのかについて述べる。

第六章「観音、海へ」では、中国の観音霊場であるとともに、東アジアの観音霊場の中心となった普陀山《ふださん》について述べ、さらに朝鮮半島や台湾、日本に伝わった観音霊場について紹介する。

第七章「観音と日本人」では、日本においての観音信仰の受容と変質とを明らかにする。

日本においては奈良時代に、国家仏教の一翼をになうものとして観音信仰が取り入れられたが、平安時代から中世にかけては、庶民の六道の苦しみからの離脱のために、個人の信仰の対象として観音が信奉され、さらに観音霊場として西国三十三所などの巡礼が日本人の心の中に定着するようになったことを述べる。

以上、本書の構成を述べたが、わたしたちにとってもっとも身近な仏である観音についての種々相を知っていただき、中国文化や日本文化に果たした観音の役割を理解していただければと思う。

目次

観音さま

はじめに……3

第一章　観音とは何だろう……15
慈悲の権化／慈悲とは何か／無相ということ／観音の名号／「観世音」と「観自在」／観音の相《すがた》／「絶対無」の立場／「柳は緑、花は紅《くれない》」／応現のすばやさ／西田幾多郎の宗教論／観音とは自分自身である／十鏡のたとえ／宇宙の生命

第二章　観音の誕生……38
観音はどこで生まれたのか／観音の経典／『悲華経』／不眴王子の誓い／『華厳経』／衆生の恐怖／『観世音菩薩授記《じゆき》経』／二菩薩の来歴／阿弥陀如来の補処《ふしよ》／『観無量寿経』／菩薩の相《すがた》

第三章　『観音経』の教え……56

西域の夜空の下で／『法華経』と鳩摩羅什／中国仏教最大の功労者／「諸法実相《しょほうじっそう》」／『法華経』の構成／『法華経』はどこで説かれたのか／平凡な中に真理がある／「会《え》三帰《さんき》一《いつ》」／小乗と大乗／「仏寿無極《ぶつじゅむごく》」／『法華経』の中の『観音経』／観音の救済／衆生の七難／三毒を除く／二求両願／名号を頂礼《ちょうらい》する／観音の応現／聖者の三身／仏法の守護神／観音と首飾り／娑婆世界への出現

第四章　観音信仰の歩み……83

中国僧の観音信仰／法顕の旅／水難に遭う／法顕の影響／悪獣から逃れる／求那跋陀羅《ぐなばつだら》の水難／首をすげ替える／夢の中の観音／玄奘三蔵《げんじょうさんぞう》／沙漠の守り神／朗々とした声を得る／腸を洗う／人の苦しみを救う／子授けの神／観音像の刀傷／天台大師の観音信仰／観音像の成立／観音の変

化相／聖《しょう》観音／千手観音／十一面観音／馬頭《ばとう》観音／如意輪《にょいりん》観音／不空羂《ふくうけん》索《じゃく》観音／准胝《じゅんでい》観音／馬郎婦《めろうふ》観音／相手に応じて応現する／観音信仰の歴史的概観

第五章　アジア民衆の中に生きる観音……129

庶民の中の観音／中国大陸の宗教／道教の中の観音／娘娘《ニャンニャン》信仰／中国人と女神／ダライ・ラマと観音／道教と仏教／台湾の宗教／観音のご利益／観音の小冊子／東南アジアの仏寺／盂蘭盆会《うらぼんえ》の由来／街頭の光景／シンガポールの盂蘭盆会／仏道混淆／盂蘭盆会のクライマックス／マラッカの千手観音／南海大士／「白衣観音図」

第六章　観音、海へ……156

海と観音／観音の浄土――補陀洛迦山《ふだらかせん》／東アジアの観音霊場――普陀山《ふださん》／普陀山三大寺／現在の普陀山／観音示現の地――潮音洞／梵音洞《ぼんおんどう》／観

音信仰の朝鮮伝播／洛山寺の来歴／海に立つ観音／新羅の観音説話／勧進の伝説

第七章　観音と日本人……174

観音信仰はいつ伝来したか／「観音の化身」聖徳太子／観音信仰を伝えるもの／『観音経』と観音像の成立――奈良時代／護国のための仏教／留学僧の役割／変化観音の由来／六観音の成立と展開――平安時代／六観音信仰／個人を救う観音へ／観音札所《ふだしょ》の成立／花山法皇／鈴木正三《しょうさん》の教え

おわりに……193

西国霊場三十三所／坂東霊場三十三所／秩父霊場三十四所一覧　196

観音さま

第一章　観音とは何だろう

慈悲の権化

日本画壇における明治の巨匠である狩野芳崖《かのうほうがい》画伯が描いた「悲母観音」は、あまりにも有名である。この名画に描かれている山岳は妙義山《みょうぎさん》であるが、芳崖画伯が上州《じょうしゅう》妙義山で自然の神秘に打たれ、観音の尊容を霊感して思わず筆を執って描いたものだといわれる。

平安末の歌僧として有名な西行法師（一一一八—九〇）の歌に、

　何事《なにごと》のおわしますかは知らねども
　　かたじけなさに涙こぼるる

というのがあるが、これは、天地の神秘にふれ、感激した心境を示したものである。「信は力なり」という言葉があるが、これはこの心境がさらに生活上にはっきりした形をとって現われたことをいう。画伯もまた山の霊気にふれ、見えざる観音の霊感に打たれてこの画を描いたものと思われる。

この「悲母観音」には、観音が見下ろすやさしい視線の先に、胎児を思わすような子供が描かれている。それは限りなく深い母の愛情を示すものである。

「悲母観音」狩野芳崖筆。1888年。絹本着色。195.8×86.1cm。東京芸術大学大学美術館蔵。

悲母観音の悲母とは何か。唐代に般若三蔵たちが訳した『大乗《だいじょう》本生《ほんじょう》心地《しんち》観経《かんぎょう》』は、四恩(父母の恩、衆生《しゅじょう》の恩、国王の恩、三宝の恩)のあり方を説いているが、その中につぎのような言葉がある。

善男子《ぜんなんし》、諸《もろもろ》の世間に於《お》いて、何者《なにもの》が最も富み、何者が最も貧しき。悲母《ひも》の堂に在《いま》す、之を名づけて富むと為《な》し、悲母の在さざる、之を名づけて貧しと為す。悲母在す時、名づけて日中と為し、悲母死する時、名づけて日没と為す。悲母在す時、名づけて月明と為し、悲母亡《ぼう》ずる時、名づけて闇夜《あんや》と為す(「報恩品《ほうおんぼん》」)。

この世の中においてもっとも富める者とは悲母が家にいる人のことであり、もっとも貧しい者とは悲母がいない人のことであるという。悲母がおわせば日中であり、月明であるが、悲母が死ねば日没であり闇夜であるという。その悲母とは慈愛に満ちたやさしい母のことであるが、母の亡《な》い人は観音菩薩を悲母と仰ぐことができる。

悲母観音に描かれた観音は、大慈大悲の観音である。救世《くせ》の菩薩である。この観音菩薩をしっかりといただくものこそ、もっとも富めるものであり、もっとも恵まれた人ということになる。

慈悲とは何か

仏教で慈悲というと、仏が衆生をあわれみ、いつくしむこころをいい、さらに衆生に楽を与えるのが慈であり、衆生の苦を抜くのが悲であるという。すなわち与楽《よらく》を慈といい、抜苦《ばっく》を悲という。鎌倉時代の禅僧、無住一円《むじゅういちえん》（一二二六―一三一二）は、仏教説話集の『沙石集《しゃせきしゅう》』の中で、つぎのように説いている。

されば一切の仏の心は慈悲なり。一切の慈悲は観音なり（四「薬師観音の利益《りやく》に依って命全き事」）。

仏のこころは慈悲であり、慈悲の権化は観音菩薩であるという。あらゆる衆生の悲しみ、苦悩、願いを大きな愛情によってじっと支え抱いてくれるのが観音の姿である。

『観音経』の偈文《げもん》（経典の中で詩の型で書かれた部分）の中に、つぎのような経文がある。

一切の功徳《くどく》を具し、慈眼《じげん》をもて衆生を視《み》たまう、福寿の海無量なり。是の故に頂礼したてまつるべし。

慈悲の眼をもって一切衆生を視るのが観音菩薩の目であるという。母性愛はわが子だけにそそがれる愛であるが、この母性愛を一切の人々に拡大してゆくとき、慈眼をもって人を見ることができるようになる。太陽の光がわけへだてなくすべてのものに注がれるように、人は慈眼の中に抱かれてゆく。無私の愛こそ慈悲のこころである。あの人は好き、この人は嫌いというのではない。

もちろん人間には初対面から虫の好かない人もいるであろう。こちらが虫が好かぬと思えば、相手も必ずそのように思うものである。

しかし、たとえ嫌いであろうとなかろうと、無我のこころで接するのが慈悲というものである。少しでもエゴイズムが動くとき、慈悲心は消滅する。無我のこころで接することによって無限の慈悲が働くのである。慈悲が仏のこころであり、観音のこころであるということはこのことを意味する。

誰の作かは不明であるが、江戸時代頃に作られたと思われる『観音和讃』という和讃（国語で仏、菩薩、先徳などを讃嘆した歌）がある。その中にはつぎのような言葉がある。

帰命頂礼観世音《きみょうちょうらいかんぜおん》　むかしは正法妙如来《しょうぼうみょうにょらい》
未来は光明功徳仏《こうみょうくどくぶつ》　十大願《じゅうだいがん》のうみふかく
今此娑婆《いまこのしゃば》に示現して　生きとし生ける者の為
大慈大悲の手を垂れて　種々に済度をなし給ふ

無相ということ

この意味は、観音に帰依し、観音を礼拝しよう。観音菩薩は、その昔は正法妙如来という仏であり、未来には光明功徳仏という仏になられる方である。衆生を救おうという十種の大願をもち、この娑婆世界に姿を現わして、生きとし生ける者のために、慈悲の手をさしのべて、いろいろと形を変えて衆生を救ってくれるのである、という。

観音はわれわれの肉眼には見えないとされる。それは無相、すなわち、形がないからである。だからこそ観音を念じ、観音の名を称《とな》えることによって示現してくれるのである。

しかも、娑婆世界において苦しみもがいているわれわれにその身を現じてくれる。どのように身を現ずるかといえば、仏の姿になったり、あるいは菩薩の姿になったり、三十三身に変化《へんげ》したりしてこの世に現われてくれるのである。

鎌倉末期、念仏を唱えて全国を遊行《ゆぎょう》した一遍《いっぺん》上人（一二三九―八九）は、いう。

専《もっぱ》ら慈悲心を発《おこ》して、他人の愁《うれい》を忘るることなかれ。専ら柔和《にゅうわ》の面《おもて》を備へて、瞋恚《しんい》の相《そう》を現《あらわ》すことなかれり（『一遍上人語録』）。

慈悲心を起こすことによって他人の心配、不安、病気などを案じることが大切であり、また柔和な顔をたもち、瞋《いか》りの気持をあらわしてはいけないと説く。慈悲と柔和が人間にとって大切であることを強調している。この人間の理想のこころである慈悲心を具象化したものこそが、さきの悲母観音なのである。

観音の名号

観音菩薩の原名はインドの言葉で、アバローキテーシュバラ Avalokiteśvara という。すなわちアバローキタ Avalokita という語とイーシュバラ Iśvara という語の合した名詞である。アバローキタとは「観ぜらるるところの」という意味であり、「観」と訳され、イーシユバラとは最上神とか主宰者とか、自在無礙《じざいむげ》とかいう意味で「自在」と訳されている。その意味は「拝まれるもっとも尊い自在の力を有し給う方」ということであり、「観自在」と訳された。

　中国におけるお経の翻訳者として有名な人に、唐の玄奘《げんじょう》三蔵（六〇二―六六四）がおり、それ以前には、姚秦《ようしん》（五胡十六国の一つ、後秦）の鳩摩羅什《くまらじゅう》（三四四―四一三、一説には三五〇―四〇九）がいる。この二人は第四章で述べるように、経典の翻訳においていずれも画期的な成果を収めた三蔵法師（経・律・論の三蔵に精通した法師）である。鳩摩羅什は『法華経』などの翻訳にあたり、彼以前に用いられていたこの菩薩の名号《みょうごう》であった「光世《こうせ》音菩《おんぼ》薩《さつ》」を改めて「観世《かんぜ》音菩《おんぼ》薩《さつ》」と訳した。

　この名号が今も一般に用いられているのだが、その後、玄奘三蔵の時になって新たに「観《かん》自在《じざい》菩薩」とも訳された。玄奘三蔵は広くお経の翻訳にあたり、原典にそって一字一句をもおろそかにしない態度をとった。そのため従来の訳語の光世音、観世音という名称を捨てて観自在と訳したのである。

　「観世音」という訳語は広く一般に用いられたが、唐代になると、唐の太宗の李世民の「世」の字を避けるため、「観世音」から世の字をとり「観音」と称するようになったといわれる。

「観世音」と「観自在」

「観世音」と「観自在」とでは意味がどのように違うのだろうか。

まず、観世音という名号について考えてみよう。観世音の世の一字はこの菩薩の本性をもっともよく表すために、付け加えられた語である。原語には「世」に相当する語はない。

それではなぜ「世」の一字が付け加えられたかというと、観音は常に世間を観じているからである。

『観音経』にも説かれているが、この菩薩は、苦悩を受けて苦しんでいる世の中の多くの人々が、この菩薩の名を聞いて一心にその名を称するとき、即時にその音声《おんじょう》を観《かん》じて、苦悩から解脱させてくれるという。そのため「世」の一字が付け加えられているのである。まさしく観世音菩薩とは「世間の音声を観ずる菩薩」なのである。

世間の音声とは苦しみの音声である。地獄、餓鬼《がき》、畜生《ちくしょう》の世界にのたうっている衆生は苦しみの音声を発しているのである。苦しみの音声はまた救いを求める声でもある。この衆生の声を観音は常に観じているのである。

観音の観とは、観察することでもある。観音は、どんな人々の苦しみも、よく観察している。

しかも、観音はただ衆生の声だけを観察しているのではない。世間の音声とは、衆生の求める声であり、また衆生が求めている願いであり、衆生の求める姿でもある。観世音という名こそ、世の人々の苦しみを常に掌《たなごころ》にとるように観知し、一人の衆生をも残さず大悲の手に摂取する慈悲を象徴しているのである。

次に観自在という名号について考えてみよう。観とは前に述べたとおり、観察することである。自在とは無滞《むたい》の義である。無滞とは障害のないことである。すなわち観音の救いは、どんな障礙《しょうげ》にあっても、いささかの滞《とどこお》りもなく、その妙用を発揮することができることをいうのである。

このようにみると、「観自在」「観世音」のどちらの名号も、観音の特質をよく表していることが深くうなずけるのである。

昔から「名は体をあらわす」と言うが、まことにその通りである。われわれは観世音、観自在という名号を通して、観音は内に深き慈悲をたたえるとともに、その慈悲をもってわれわれを救ってくれる智慧《ちえ》を持っていて下さることを知るのである。

観音は、絶大の観察力をもって人々の苦悩を観じるとともに、即時に現われて、あたたかい救いの手を差しのべる。またその深い智慧をもって、応病与薬、すなわち病に応じて飲ます薬を変えるように、衆生の苦しみと心持に応じて、いちいちそれにかなったものを与えてくれる。まさしく観音は、衆生にもっとも適した救済方法を自由に用いることができるのである。

観世音菩薩像　敦煌出土。唐時代末期、または五代時代初期（9世紀末〜10世紀初期）。麻布着色。大英博物館スタインコレクション。

観音の相《すがた》

観音は、聖《しょう》観音にしても、千手《せんじゅ》観音にしても、如意輪《にょいりん》観音にしても、その容姿がたいへん美しい。その端麗な容姿をじっと見ているだけで、心の中まで洗われる気がする。どんな人生の苦難にも耐えうる勇猛心をそなえながら、あらゆる人々を救う慈愛にあふれた美しい姿が観音の特徴である。

観音は女性の菩薩だと思っている人も多いが、決してそうではない。男性でも女性でもないのである。しかし、男性にも女性にも、ありとあらゆる姿に刹那《せつな》に現じるのが観音の相《すがた》である。

観音の姿には、また、限りない人間味というか、人間臭さが感じられる。しかし、それは汚濁《おじょく》にみちた凡夫《ぼんぷ》の相ではなくて、どこまでも人間を超えた姿をしている。人間の姿に即しながら、人間の煩悩の炎をまったく消し去った、超人間的なすがたをあらわしているといえよう。

観音は観世音菩薩といわれるように菩薩であるが、先にも述べたように、もともとはたいへんに位の高い「正法妙如来《しょうぼうみょうにょらい》」という如来（タターガタ Tathāgata 真理に到達したもの、もしくは真理より来れるものを意味し、仏、仏陀と同義である）であった。

このように高い位の仏がどうして仏より低い位の菩薩（ボーディサットヴァ Bodhi-

インドのウッタル・プラデーシュ州、サールナート出土の観音菩薩立像（5世紀。砂岩製）。彫刻、石彫、石像。ニューデリー美術館蔵。

sattva 菩提薩埵《さった》の略で、悟りを求める人と訳される）になったのだろうか。それは、高い位の如来のままだと、低い段階にいるわれわれ衆生をよりよく救うことができないので、わざわざ如来から菩薩となって、一切衆生を救おうとしたのである。こうして観世音菩薩という、下化《げけ》衆生に生きる菩薩が、この世に現われたのだとされている。

聖観音などさまざまな観音像があるが（第四章参照）、それは制作者が経典などの解釈によりながら、あるいは信仰の表現として造像したものである。

「絶対無」の立場

それでは観音の本質を、現在の私たちの立場から考えてみよう。観音の真実の相《すがた》は何かといえば、それは宇宙の生命そのものであろう。それは無相なものである。虚空《こくう》のようなものであるといってもよい。形はないのである。無限の生命そのものが、観音の本質だと考えてよい。

無相ということを近代日本の哲学では「絶対無」という。絶対無の哲学をとなえた西田《にしだ》幾《き》多《た》郎《ろう》はつぎのようにいっている。

真に絶対の無の意識に透徹した時、そこに我もなければ神もない。而《しか》もそれは絶対無なるが故に、山は是山《これやま》、水は是水、有《あ》るものが有るが儘《まま》に有るのである（『一般者の自覚的体系』）。

絶対無の立場にたつならば、そこには我もなく神もない。観音もそこにはない。しかしこの絶対無の用《はたら》きそのものが、実は観音の用きということになるのである。山はこれ山、水はこれ水として、有《あ》るものが有るようにしてあるのが、観音にほかならない。もののありようといってもよい。秋になれば紅葉する、春になれば花が咲く、草木はそのありようにおいてあるのである。このありようにあるということが、まさに観音の相《すがた》であれば、山川草木すべて観音ならざるはない。

柳は染《そ》む観音微妙《みみよう》の色
　松は吹く説法度生《せつぽうどしよう》の声

このように古歌に詠われているのは、観音の実相《じつそう》をうたって余すことがないといえよう。有《あ》るものが有るがままにあるということを仏教では「諸法《しよほう》の実相」と呼ぶ。諸法の実相とは、すべてのものの、ありのままなる相《すがた》のことである。諸法の「法」とは「もの」という意味であり、すべてのものの真実のすがたが諸法実相ということである。古歌に、

おもしろや、散るもみじ葉も咲く花も

おのずからなる法《のり》のみすがた

というのがあるが、春がめぐりくれば花が咲き、秋になれば木の葉が紅葉する。その自然のありようが、法《のり》のみすがた、つまり諸法の実相なのである。

「柳は緑、花は紅《くれない》」

禅の言葉であまりにも有名でありながら典拠が不明な言葉で、宋の詩人、蘇東坡《そとうば》（蘇軾《しょく》、一〇三六—一一〇一）の言葉だといわれている「柳は緑、花は紅《くれない》」という名句がある。これは禅の悟りの境地を表した言葉であるといわれるが、まさに諸法の実相を端的にいいあてている。さらに蘇東坡は、つぎのように詩の一節で詠んでいる。

渓声便《すなわ》ち是《こ》れ広長舌《こうちょうぜつ》
山色《さんしょくあ》豈に清 浄心《しょうじょうしん》に非《あら》ざらんや

「谷川の水の流れる音も仏の説法であり、山の色、山の形も仏の清浄な姿そのものなのである」というのである。

蘇東坡にはつぎのような有名な詩もある。

聖観世音菩薩像　奈良時代（8世紀）。国宝。薬師寺所蔵。

素《そ》紈《がん》描《えが》かず、意《い》、高《たか》きかな
もし丹青《たんせい》をつければ二に落《お》ち来《き》たる
無《む》一物中《いちもつちゅう》　無《む》尽蔵《じんぞう》
花あり月あり楼台《ろうだい》あり

素紈《そがん》というのは純白の絹地である。この絹地の上には何も描かないのが最上である。もし丹青（絵の具）をつければ、純白と色彩との二つの区別が生まれて、純白である素紈の価値を失ってしまう。純白の絹地はあくまで純白でなくてはならぬ。

純白の絹地の中に無限の美と真とが具《そな》わっているように、何もない無相のところに、無尽蔵の世界が開けてくる。蘇東坡は「花あり月あり楼台あり」と美しい自然と風物をあげているが、何もない無相の中にこそ、美しい自然の風景が、ありのままの姿で無限の美をわれわれの前に開示してくれるのである。

「無一物中《むいちもつちゅう》 無尽蔵《むじんぞう》」とは、禅者が好んで使用する言葉である。無心の中にこそ、よく全世界を映すことができる。無所得のところに無限の所得がある。無功徳《むくどく》の中に真の功徳がある。無相のところに無限の宝蔵があるのである。

このようにみれば、無相を本質とする観音であるからこそ、三十三身（第四章参照）にも姿を変えることができるのである。

応現のすばやさ

観音は衆生を救うために自由自在な用《はたら》きをするわけであるが、とくに「応現《おうげん》」すること、間《かん》、髪《はつ》を入れざる速さとされる。「南無観世音菩薩《なむかんぜおんぼさつ》」と一心に称名《しょうみょう》することによって、三十三身に応現するのである。ありとあらゆる人や仏となって現われ、衆生の悩み、願いに応えてくれるのである。観音と衆生は母と子のごとき関係にあるというべきであろう。病人を救うためには医者となり、学問を学ぶ者に対しては教師となり、子を育てるには親となって、ありとあらゆる者の願いや、希望や、求めに応じて応現するのが観音なのである。

ところで「間、髪を入れずに応現する」の「間、髪を入れず」とは、そもそもどういうことか。

徳川家に仕えた江戸初期の剣客であった柳生宗矩《やぎゅうむねのり》に剣の哲学を教えた沢庵《たくあん》禅師（一五七三—一六四五、江戸初期の禅僧）の著『不動智神妙録《ふどうちしんみょうろく》』の中に、つぎの言葉がある。

間髪《かんはつ》を容れずと申す事の候。貴殿の兵法にたとへて申すべき候。間《かん》とは、物を二つかさね合ふたる間へは、髪筋《かみすじ》も入らぬと申す義にて候。たとへば手をはたと打つに、其儘《そのまま》はつしと声が出で候。打つ手の間へ、髪筋の入程《いるほど》の間もなく声が出で候。

間とは、物を二つ重ね合わせた間に、髪一筋《かみひとすじ》も入る隙《すき》がないということである。たとえば、手をパンと叩くその瞬間に、ハッシと声が出る。打つ手と出る声の間には髪の毛一本入る余地がないのであるという。

手を叩いて、声を出すかどうか思案して、一瞬の間をおいて声が出るというのではない。

打ったや否やそのまま声が出ることである。人が打ちこんできた太刀に心がとどまれば、そこに間ができる。その間にこちらの働きがおろそかになる。向こうが打ってきた太刀と我が働きとの間に、髪の毛一筋も入らぬようなら、人の打つ太刀は自分の太刀となるはずである、というのが沢庵の考え方である。観音が応現するのもこれとまったく同じである。

それでは観音はいかなるときに応現するのか。それは「一心称名《いっしんしょうみょう》」のときであるという。一心に「南無《なむ》観世音菩薩」と名を称《とな》えるときである。一心称名のとき、そこに観音は応現する。ただ、病になったとき、病気を治して下さいとお願いするのは自然かもしれないが、真の信仰は功利主義であってはならないし、ご利益《りやく》本位であってはならない。病気が治る、治らぬという結果を問うのではない。ただ自然に「南無観世音菩薩」と口にでてくるのである。病のこと、生き死にのことのすべてを、おおいなる力、絶対の生命にあずけ、まかせるのである。

このようにすることで、おのずと心もやすらかとなり、その結果、病も快方に向かう。金をもうけるためだけ、病気を治すためだけに観音を拝むのではない。功利心は宗教とは無縁なものでなければならない。

西田幾多郎の宗教論

すでに述べた西田幾多郎は、『善の研究』の中でつぎのように語っている。

現世利益の為に神に祈る如きはいふに及ばず、徒《いたず》らに往生《おうじょう》を目的として念仏するものも真の宗教心ではない。されば歎異鈔《たんにしょう》にも「わが心に往生の業《ごう》をはげみて申すところの念仏も自行になすなり」といつてある。又基督《キリスト》教に於てもかの単に神助を頼み、神罰を恐れるといふ如きは真の基督教ではない。此等は凡て利己心の変形にすぎないのである。加之《しかのみならず》、余《よ》は現時多くの人のいふ如き宗教は自己の安心の為であるといふことすら誤つて居るのではないかと思ふ。……我々は自己の安心の為に宗教を求めるのではない、安心は宗教より来る結果にすぎない。宗教的要求は我々の已《や》まんと欲して已《や》む能《あた》はざる大なる生命の要求である、厳粛《げんしゅく》なる意志の要求である（『善の研究』第四編「宗教」、傍点筆者）。

この西田哲学における宗教論から見れば、現世利益のために観音に祈願したり、安心を得るために観音の名を称えることは、真の宗教心ではないことになる。それは深い禅定三昧《ぜんじょうざんまい》に入り、無心、無相の境地に悟入《ごにゅう》し得る禅者の観音観とまさしく同一といわねばならない。

観音とは自分自身である

さきに観音とは宇宙の生命力の用《はたら》きであるといったが、その宇宙の生命力は、われわれ自身の中にも流れている。宇宙の生命力を知ることは、自分自身の奥底にひそむほんとうの自己を知ることになるのである。

江戸中期の曹洞宗の学僧、天桂伝尊《てんけいでんそん》（一六四八―一七三五）の『般若心経止《し》啼銭《ていせん》』の中につぎのような一文がある。長い文章であるが重要なので引用する。

観自在とは異人にあらず、汝、諸人是れなり。何をか観自在といふ。眼を開けば森羅《しんら》万《ばん》象《しょう》ありありと現はれ、耳に通ずることは無量の音声間断《おんじょうかんだん》なし。六根《ろっこん》（眼、耳、鼻、舌、身、意の六つの感覚器官のこと）皆な是の如く十万無量《むりょう》の事、一事に対すれども一として見ぬこともなく、聞かぬこともなし。この心の自在なること言語の及ぶべきなし。さるによりて『華《け》厳《ごん》経』の中に十鏡の喩《たとえ》を以て説《とい》てある。其《その》喩は十方に懸《か》くるときに、九つの鏡が一つの鏡にうつる、其《その》鏡の内を見れば百千の鏡が見ゆる、しかれども少しも鏡を礙《さえぎ》ることなく、広くもならず狭くもならぬ。その如く人の心に日用百千万の事が移り来れども、心に事多しと思ふこともなく、目に見る中に声を聞き、舌に味ひ身に寒暖一度に来れども、目の見し止むを待て、耳に入る声の通ずるといふこともなく、六根共に互に融通して礙ることなし。如是《かくのごとく》に観ずることの自在なる故に、各人の自己を指して観自在菩薩といふなり（傍点筆者）。

われわれの心は本来自由自在なのである。それなのに自分で自分を金縛《かなしば》りに縛りあげているため自由を失っているにすぎない。宇宙の生命と波長が合えば心は自由自在になり得る。自由自在になり得る自己自身が観音であると、天桂禅師は喝破しているのである。曹洞宗でいえば、観音とは、結跏趺坐《けっかふざ》（脚を組んで坐禅の姿で坐ること）した坐禅の当体その人をいうのである。

十鏡のたとえ

観音とは自己自身であることを説いた天桂禅師の説を受けて同じように説いたのは、臨済宗の禅僧盤珪永琢《ばんけいようたく》（一六二二―九三）である。盤珪の『心経抄』はいう。

観自在菩薩、自らのことなり。自らならば、なぜ観自在ぞと云ふ中に眼を開けば、山河草木、青黄赤白黒、大小方円きらりと顕はれ、耳に通すること千万の音、六根《ろっこん》皆その如く、千万のこと一度に対して、一つも見ぬことなく、聞かぬことなく、この心の自在なること何に譬《たと》ふべき物がなきなり。さるに依て『華厳《けごん》経』の中にやらん、十鏡の譬《たとえ》を以て説《とき》てあると覚えたり。其の譬は、鏡を十方に掛る。一鏡の中に九つの鏡が見え、一々の鏡の中を見れば、百千の鏡が見ゆる物なり。然《しか》れども少しも鏡がさへることもなく、せまくも広くもならぬ。其の如く、人の心に一切千万のことが移り来れども、心に多いと思ふこともなく、目に見る中に声を聞き、舌に味ひ、身のあつささむさと云ひ、一度に覚ゆれども、目に見やむを待て、耳より入る声を心に通するといふこともなく、少しもたかひに、さへることなきなり。是れ観ずることの自在なるゆえに、人を指て観自在菩薩と云ふなり（『禅門法語集』巻中、傍点筆者）。

この盤珪の観音理解は、天桂とまったく同じである。禅者が観音を考えると、このような結論となる。

ここではっきり、観音とは自分自身であることをまことに巧みに説いている。自在に見る、自在に聞く、自在に触れる、この心の自在なること、それが観音であると。それを『華厳経』の十鏡にたとえる。

一つの鏡の中に九鏡が映り、さらにそのいちいちの鏡に百千の鏡が互いに映《えい》じあい、映《うつ》りあっているが、鏡の広さは不増不減《ふぞうふげん》である如く、人の心に千万のことが映り現われても、多いと思うこともない。人の見たり、聞いたりする心の用《はたら》きは自在である。烏《からす》の声が聞こえて、ああ、烏だなあと素直にわかる心、鐘の音を聞けば、そのまま鐘だとわかる、その心の用きの霊妙《れいみょう》なることをみれば、人そのものが観音であることがわかるではないか、というのが盤珪の考えである。

宇宙の生命

唐の司空山本浄《しくうざんほんじょう》という禅者が、あるとき、弟子から観自在菩薩をみるにはどうしたらよいか、という質問を受けた。本浄はつぎのように答えた。

処《ところ》に応じて本より無心なれば、始めて名づけて観自在となすことを得たり（『景徳伝灯録』〔全三十巻、北宋代の中国の禅宗史書で、過去七仏からインド、中国の千七百一人の禅者の行跡を集録したもの〕）。

処《ところ》に応じるということは、随処《ずいしょ》にということになる。随処に主体をもてば、そこに自在の境涯が生まれる。どんな対象に対しても、どんな人に会っても、無心の気持で応ずるならば、観音を観ることができるのだと答えたのである。

釈迦や禅僧が坐禅を行い無念無想の境地に入れば、究極において、必ず宇宙の生命を感得できるはずである。禅者が心身の朝鍛夕錬《ちょうたんせきれん》によって無心の境地になったとき、自分自身が観音であるということになる。執著心《しゅうじゃくしん》を次第に弱めてゆき、そしてまったくとらわれのない自由無礙《むげ》なこころになってゆく。さらに天地の生命、すなわち天道と一体となってゆく。そのときに宇宙の生命はその人自身のなかに流れてゆく。このように考えるとき、宇宙の生命そのものである観音と自分自身が一体であることを自覚できるのだろう。

第二章　観音の誕生

観音はどこで生まれたのか

観音菩薩がどこで生まれたとされるかについては定説はない。ある学者の説によると、イランからイスラエルにかけての西アジアの地域において女神として成立したものが、仏教に取り入れられて観音菩薩になったのではないかといわれている。あるいは、後世出現した変化観音のあるものはヒンドゥー教の女神が起源であるともいわれるが、さだかではない。

紀元前後にインドに興起した大乗仏教は、そののち多くの象徴的な菩薩を生みだしたが、観世音菩薩は、その中でも代表的な菩薩である。

観音の経典

観音菩薩が文献の上にはっきりした形で現われるのは、大乗仏教の経典の中である。そこでまず、どのような経典に、どういう姿で観音が説かれているかを検討することにしたい。

観音が説かれているインドで成立した経典には、『観音経《かんのんきょう》』『悲華経《ひけきょう》』『観無量寿経《かんむりょうじゅきょう》』『華厳経《けごんきょう》』などがある。以下これらの経典で説かれている観音について説いていく。

観音のことを説いた経典としてもっとも有名なのが『観音経』である。一般的にも観音といえば『観音経』に説かれている観音を思い起こすのが普通である。中国人や日本人の仏教信者の中には、朝夕仏前において『観音経』を読誦《どくじゅ》する人も多い。

『観音経』は観音のことを説いた代表的な経典であるばかりではなく、仏典の中でももっともポピュラーなお経である。『般若心経』『阿弥陀経』などと並んで庶民にもっとも親しまれているお経でもある。この『観音経』については第三章で詳しく説くことにし、ここでは他の経典に描かれた観音について述べることにしたい。

『悲華経』

『悲華経』は「慈悲の白蓮華《びゃくれんげ》の経」という意味である。

慈悲の白蓮華とは釈迦のことである。釈迦はこの汚れた世の中に生まれて悟りを開き、一切の人々を救おうとしたのであるが、それはすぐれた慈悲の心を持っていたからである。そこで慈悲の白蓮華という表現は釈迦を指すのである。

この『悲華経』は、四一四年から四二六年の間に古代中国、五胡十六国の一つである北涼《ほくりょう》の曇無讖《どんむせん》（三八五—四三三）が翻訳したお経である。このお経には観音誕生の物語が説かれており、このお経によって観音信仰がかなり古くから人々の間にひろがっていたことがわかる。その内容をつぎに述べてみよう。

その昔、「無諍念《むじょうねん》」という転輪聖王《てんりんじょうおう》（世界を統一支配する理想的な帝王）がこの世を治めていたとき、宝海《ほうかい》という大臣がいた。宝海には宝蔵《ほうぞう》という息子がいたが、その子は後に出家し、修行して悟りを開いて仏となり、宝蔵如来と呼ばれた。無諍念王はこの宝蔵如来をあつく敬い、宝蔵如来のもとで教えを受け、三ヵ月にわたってこの如来に供養した。

この無諍念王には千人の王子がいた。第一王子の不眴《ふじゅん》、第二王子の尼摩《にま》をはじめとして、どの王子も宝蔵如来に深く帰依し、父の無諍念王と同じようにこの仏に供養した。

しかしながら、無諍念王や王子たちの供養は、この世の享楽や富貴を求めるための手段にすぎず、誰一人として真に仏道を求めて悟りを得ようとする者はいなかった。大臣の宝海はある夜夢を見て、王や王子たちのそのような心を知り、何とかして仏道を真の意味で求めさせようと決心し、さっそく王に忠言したのである。

そのとき、宝蔵如来は三昧《ざんまい》（心を一つのことに集中して安定した状態に入ること、サマーディの音写語）に入って大光明を放ち、この世の相《すがた》と、浄《きよ》らかな仏土の相とを対照させ、すべての人々の眼前に見せたのである。無諍念王の驚きと喜びはひとかたではなく、強く仏道を求める気持になり、修行をはじめた。

つづいて宝海大臣は、第一王子不眴や、第二王子尼摩たちにも仏道を求めることを勧め、すべての王子に仏道の尊さを教えたのであった。

仏道をひたすら精進しようという誓いをたてた無諍念王は、やがて、宝蔵如来の前で人々を救うために五十一の誓願を立て、浄土建設を誓った。宝蔵如来は、この誓いを賞め、無諍念王に授記《じゅき》を与えた。

授記とは、将来仏に成るという予言であり、成仏の確証である。宝蔵如来は無諍念王に、将来、あなたは無量寿《むりょうじゅ》如来（阿弥陀如来）となり、安楽世界の主人となると予言したのである。安楽世界とは西方極楽世界のことである。

このように『悲華経』には、阿弥陀如来の過去の因縁がまず説かれているのであるが、ここで問題となるのは、無諍念王の第一王子である不眴王子のことである。

不眴王子の誓い

父の無諍念王が授記を受けたことを聞いた不眴王子は、ますます道を求める心を強くした。宝海大臣も王子に道を求めることを切に勧めた。不眴王子は大臣に、「大臣よ、私がいま地獄の人々を見ていると、皆たいへんに苦しんでいる。この世の人間の中にも垢《けが》れた心を持っている人がいるが、その人たちは地獄、餓鬼《がき》、畜生《ちくしょう》の三悪道に堕《お》ちる。また人々は悪い朋友と交わる事によって正道を踏み誤り、邪道を行っている」と言い、さらに宝蔵如来の前でつぎのように申しあげた。

「世尊よ、いま私は声を大にして誓います。わたしが行う一切の善根（善《よ》い行為）を阿《あ》耨多羅三藐三菩提《のくたらさんみゃくさんぼだい》（無上最高の悟り）のために廻向《えこう》（ふりむけること）しましょう」

さらに不眴王子はつぎのような誓いを立てた。

「願わくは、わたしが今や菩薩道を修するに当り、もし、人々が地獄や餓鬼道に堕《お》ちて憂《うれ》い悲しみ、苦しんでいて、救いも依《よ》り処《どころ》もない時、人々がわたしを念じ、わたしの名を称《とな》えてくれれば、わたしは神通力をそなえた耳でそれを聞き、神通力をそなえた眼でそれを見て、この苦しんでいる人々を必ず救いましょう。若《も》し、これらの人々の苦しみを救うことができなければ、わたし自身は決して仏にはなりますまい」

さらに重ねて王子はつぎのように誓った。

「世尊よ、わたしは最上の願いを起こします。未来において、わたしの父王は無量寿如来となられ、一切の仏事を成し終って涅槃《ねはん》（仏の入滅）に入られるでしょう。その時、わたしは無上の悟りを完成したいのです。世尊よ、このわたしの願いはかなえられるでしょうか。願わくは、わたしのために授記して下さい」

すると、仏は不眴王子に言われた。

「不眴王子よ、あなたは地獄で苦しむ人々を見て慈悲の心を起こしている。あなたは人々の苦しみを救おうと常に願っている。あなたは人々を安楽にしようと願っている。そこでわたしは今、あなたに観世音の名をつけよう。観世音菩薩となったあなたは、多くの人々を苦難から救い、やがて無量寿仏の後を継いで、一切珍宝所成就《いっさいちんぽうしょじょうじゅ》世界（ありとあらゆる珍しい宝で飾られた世界）を建設されるでしょう。一切珍宝所成就世界とは、極楽の上を越すほどの尊いありがたい浄土で、あなたはこの浄土に在って遍出《へんしゅつ》一切光《いっさいこう》明功徳山王《みょうくどくさんのう》如来となられるでしょう」

この仏の言葉を聞いて、観世音菩薩となった不眴王子は歓喜した。未来において願いが果たされることを確信した観世音菩薩は、深く仏に敬礼して「十方の諸仏もわたしの願いが果たされることを証明して下さるでしょう」と言った。すると、たちまち世界が震動し、山林はすべて微妙《みみょう》な音楽を奏し、その中で十方の諸仏は声をそろえて観世音菩薩の願いが果たされることを証明したのである。

『悲華経』が説いている観世音菩薩の因縁は、以上述べたようである。

この『悲華経』によれば観世音菩薩と阿弥陀如来との関係が密接不離であることがわか

る。観世音菩薩は過去世においては阿弥陀如来と父子の間柄《あいだがら》として結ばれており、未来においては阿弥陀如来の後継者として成仏することが述べられているのである。

『華厳経』

大乗経典の中で『法華経』と並んでもっとも有名な経典の一つである『華厳経』の中にも、観音菩薩のことが説かれている。

『華厳経』には、東晋《とうしん》の時代、仏陀跋陀羅《ぶつだばつたら》（三五九—四二九）が訳した六十巻『華厳経』と、唐の時代に実叉難陀《じつしやなんだ》（六五二—七一〇）が訳した八十巻『華厳経』とがある。そのどちらの『華厳経』にも「入法界品《にゆうほつかいぼん》」という一章がある。

この「入法界品」には善財童子《ぜんざいどうじ》の求道《ぐどう》物語が説かれている。求道の志をたてた善財童子が五十三人の善知識《ぜんちしき》（先生・師）を訪ねて教えを求める話である。その五十三人の善知識の中に観音菩薩がいたのである。

つぎつぎと善知識を訪ねて求道の旅を続けていた善財童子は、ある長者を訪ね、「ここから南の方に行きなさい。すると海上に補陀洛迦山《ふだらかせん》という山がある。そここそ観音菩薩の居られる浄土である」と教えられた。

そこで善財童子は南に行き、補陀洛迦山に観音菩薩を訪ねた。この補陀洛迦山は六十巻『華厳経』では光明山と訳されている。この補陀洛迦山（光明山）が観音の住処であり、観音菩薩の国土・浄土なのである。この山については第六章で改めて述べる。

善財童子が観音菩薩を探すと、観音菩薩は山の上の西側の窪地におられた。その場所は、泉や池や流水に囲まれ、青々とした柔らかな草が茂った林の中にあった。

観音菩薩は金剛石の岩の上の宝座に結跏趺坐《けっかふざ》していた。脚を組んで坐禅姿で坐っていたのである。その周りにはたくさんの菩薩がそれぞれ金剛宝石の座に坐っていた。その菩薩たちに対して観音菩薩は大慈大悲の教えを説いていた。

衆生の恐怖

この光景を見た善財童子は、歓喜して、観音菩薩の御前に進み出、合掌して教えを乞うた。すなわち、童子は恭々《うやうや》しく、観音菩薩の両足に頂礼《ちょうらい》（両手・両足・頭を地につけた最高の礼）し、右廻りに廻って正面に立ち、「聖者よ、わたしは最高の悟りを求めるために発心しました。しかし、わたしは菩薩が菩薩行をどのようにして学ぶべきか、どのように修行すべきかを知りません。どうぞわたしにその修行の方法をお教え下さい」と願った。

そこで観音菩薩は、善財童子の前に光り輝く雲を湧き出させ、黄金の腕をさしのべ、童子の頭の上に手を置いて、つぎのような教えを説いたのである。

「善《よ》いかな、善いかな、汝《なんじ》が悟りを求めるために発心したとは。善男子《ぜんなんし》よ、私は大悲の法門と菩薩行を知っている。私は布施をもって衆生を導き、同事（他人と同じことをすること）

をもって衆生を導き、大いなる光の網によって衆生の煩悩を取り除き、微妙《みみょう》な妙音を出して衆生を救い、威儀を正して説法して衆生を導いた。

善男子よ、わたしはこの大悲の法門、光明の行を実践することによって、一切の衆生を救おうという誓いをたてたのである。一切の衆生のあらゆる恐怖を除くためである。衆生の恐怖とはつぎの如くである。

(一)　奈落《ならく》(地獄)への転落の恐怖
(二)　熱悩に対する恐怖
(三)　愚痴の恐怖
(四)　束縛の恐怖
(五)　生命の危機に対する恐怖
(六)　生活の資具の欠乏を恐れる恐怖
(七)　生計の手段に対する恐怖
(八)　悪評に対する恐怖
(九)　輪廻の恐怖
(十)　集会の中で物怖《ものお》じする恐怖
(十一)　死の恐怖

（十二）悪い境遇に対する恐怖
（十三）闇黒で危険な道を行く恐怖
（十四）いやな人とめぐりあう恐怖
（十五）愛する人と別れる恐怖
（十六）好ましくない人と共生する恐怖
（十七）身体の苦痛の恐怖
（十八）心の苦悩の恐怖

以上のようなあらゆる衆生の苦しみ、憂悩《うのう》、煩悶《はんもん》をとり除くために、わたしは衆生を守護する者となろう、という誓いをたてたのである。わたしは一切衆生のあらゆる恐怖を除くために教えを説き、決してあきることがなかった。これこそが大悲の法門であり、光明の行なのである」

この観音菩薩の話を聞いた善財童子は、喜びの気持に満たされた。

観音菩薩はさらに、普賢《ふげん》菩薩の大願やその菩薩行については、東方に正趣《しょうしゅ》菩薩がいるので、詣でて教えを乞うがよいと教えた。そこで童子は教えられた通り、正趣菩薩をつぎに訪ねていったという。

この『華厳経』の「入法界品」にあらわれた観音菩薩の教えは以上の通りである。要約すると、観音菩薩が、補陀洛迦山、すなわち光明山にいること、一切衆生を十八の恐怖から離脱させようという誓願をたてて、一切衆生を救おうとしていること、観音菩薩の周りには、多くの菩薩が侍していることなどが説かれているのである。

『観世音菩薩授記《じゅき》経』

『観世音菩薩授記《じゅき》経』は、劉宋《りゅうそう》（四二〇―四七九）の時代の曇無竭《どんむかつ》（法勇、生没年不詳）が訳したお経で、四五三年訳と伝えられる。

仏は悟りを開いたのちはじめて中部インドの鹿野苑《ろくやおん》において華徳蔵《けとくぞう》菩薩のために如幻三昧《にょげんざんまい》を説いたが、この如幻三昧を体得したのが西方極楽浄土にいた観音、勢至《せいし》の二菩薩であった。如幻三昧とは、衆生が生死流転している三界《さんがい》（欲界、色界、無色界で、この世のこと）の一切のものは、ただ縁によって成り立っているだけで、無常であり実体のない幻のようなものであることを知る境地をいう。

仏は、華徳蔵菩薩に対して、この世界においてこの三昧を得ることができるのは、弥勒《みろく》菩薩と文殊《もんじゅ》菩薩だけである。さらに、極楽浄土にいる観音菩薩と勢至菩薩がすでにこの三昧を得ているので、この二人の菩薩から七日七夜にわたって教えを受ければ、この三昧を得ることができるであろうと教えた。

仏からこのことを聞いた華徳蔵菩薩は、一刻も早く観音菩薩と勢至菩薩に会いたくなり、仏に、この二人の菩薩をいまいるこの国土に呼んでくれるように頼んだ。

すると仏は、眉間《みけん》の白毫《びゃくごう》（光を放つという仏の額にある白い巻毛）から光明を放って、この国土をすべて金色に照らした。その光は遠く、観音、勢至二菩薩のいる極楽浄土まで照らしだしたのである。

二菩薩のいる極楽浄土から逆にこの国土を見ると、釈迦如来が大衆に囲まれて、説法の真っ最中であるのが見えた。尊い釈迦の姿を拝した極楽の人々は皆「南無釈迦如来」と唱え、またこの国土から極楽を見た人々も「南無阿弥陀仏」と唱えたのであった。

釈迦如来がこの奇瑞《きずい》を示したとき、極楽浄土で、観音菩薩と勢至菩薩は、主尊の阿弥陀如来とともにいた。観音菩薩と勢至菩薩は、阿弥陀如来の脇侍《きょうじ》である。脇侍とは、本尊仏の脇に侍して本尊を助け衆生を導く仏・菩薩をいう。たとえば、釈迦如来には文殊、普賢《ふげん》菩薩、阿弥陀如来には観音、勢至菩薩というように、三尊仏を構成する。

観音菩薩と勢至菩薩は、阿弥陀如来に尋ねた。「今日、かの国土にいます釈迦如来は、なぜこのような奇瑞を現わしたのですか」。

仏は、「釈迦如来は、今日、世にまれなる尊い教えを説こうとされて、そのためにまずこの奇瑞を現わしたのです」と答えた。

そこで、観音菩薩と勢至菩薩は阿弥陀仏にお願いして、釈迦如来のもとに行くことになった。二菩薩は菩薩たちをとり囲む多くの聖衆《しょうじゅ》を引き連れこの国土におりたち、釈迦如来の前に姿を現わしたのである。このときこの世は種々の宝で荘厳《しょうごん》され、えもいわれぬすばらしい光景を呈し、人々はただ驚嘆するばかりであった。

華徳蔵菩薩は驚嘆歓喜して、これはいったいどうしたわけかと仏に尋ねた。釈迦仏は、これはひとえに観音、勢至二菩薩の力によるのであると答えた。

二人の菩薩は如幻三昧による偉大な神通力をつぎつぎとこの国土で発揮していった。驚いている華徳蔵菩薩に対し、釈迦仏は観音、勢至二菩薩の来歴を語ったのである。

二菩薩の来歴

大昔のことであった。無量徳聚安楽示現《むりょうとくじゅあんらくじげん》という世界に、金光師子遊戯《こんこうししゆげ》如来という仏と、威《い》徳《とく》王という王がいた。威徳王は常に仏に仕えて、仏法を習ったので、如来は威徳王のために無量法印という尊い教えを説いた。

あるとき、威徳王が坐禅をしていると、威徳王の左右に美しい二つの蓮華が咲き出し、その香りはまことに馥郁《ふくいく》とかぐわしかった。その蓮華の中から二人の童子が現われ、蓮華の上に結跏趺坐した。威徳王が坐禅をやめ、名を尋ねると、その二人の童子はそれぞれ宝意《ほうい》と宝《ほう》上《じょう》と答えた。

しばらくして、この二人の童子は威徳王とともに仏の前に行った。童子たちは仏に合掌し、そして最上の供養とはいったい何かと尋ねた。

すると仏は、「菩提心を発《おこ》して衆生を救いなさい。たとえどんなに多くの珍宝を以て諸仏を供養しても、それは慈心をもって人々を救い、菩提を求めることには及ばないのです」と答えた。

この教えを受けた二人の童子は、ただちに菩提心（仏の悟りを求める心、仏の智恵を体得しようとする心）を発して、無量の衆生を救うことを誓ったのである。

ここまで語った釈迦如来は、華徳蔵菩薩に言った。「昔の威徳王とは今の私のことです。そのときの二人の童子とは、今の観音菩薩と勢至菩薩の二人です。この二菩薩は深く菩提心を発したのです」と。

華徳蔵菩薩はまた尋ねた。「無量徳聚安楽示現国土とは、どこにあるのですか」と。仏は「今の西方極楽浄土を昔は無量徳聚安楽示現国土といったのです」と答えた。

華徳蔵菩薩はさらに、「この観音、勢至の二菩薩は菩提心を発《おこ》されましたが、未来においては成仏されるのでしょうか」と尋ねた。これに対して仏は、阿弥陀仏が涅槃された後、観音菩薩が成道して普光功徳山王《せんのう》如来となり、その国土を衆宝普集荘厳世界と名づけるのですと言われた。

阿弥陀如来の補処《ふしょ》

この『観世音菩薩授記経』で説かれている内容は、『悲華経』の内容とほぼ重なる。『悲華経』では、観音菩薩は無諍念王の第一王子として出現したのが、この『観世音菩薩授記経』では、威徳王の前に、蓮華の花の上に忽然《こつぜん》と出現するという違いはあるが、ともに阿弥陀如来の補処《ふしょ》の菩薩として、未来において成仏するという点ではまったく同じである。

観音菩薩は、前に述べたように阿弥陀如来の脇侍であるが、それだけでなく、阿弥陀如来の補処の菩薩でもある。

補処というのは、一生補処ともいい、一生だけ迷いの世界に縛られるが、その一生が過ぎて次の生になれば、仏となることが決まっている者のことである。たとえば、釈迦仏の後に成仏することになっているのは弥勒菩薩であり、阿弥陀仏の補処は観音菩薩とされている。

『観無量寿経』

『観無量寿経』は、単に『観経』ともいわれる経典であるが、劉宋の元嘉《げんか》年間（四二四―四五三）に、文帝に重用された西域の人畺良耶舎《きょうりょうやしゃ》（カーラヤシャス、三八三―四四二？）が、建康（南京）において勅命によって訳したものである。この経典は浄土三部経（『無量寿経』『観無量寿経』『阿弥陀経』）の一つであり、極楽浄土を説いたお経として有名である。

この経典の中でも、観音菩薩は、極楽浄土にいる阿弥陀仏の脇侍として、勢至菩薩とともに左右に侍している。

『観無量寿経』とは、インドの王舎城《おうしゃじょう》における阿闍世《あじゃせ》太子の逆罪で苦悩する韋提希夫人《いだいけぶにん》のために、釈迦如来が神通力をもって極楽を見させて韋提希夫人の苦悩を除き、西方浄土に救われてゆく次第を述べ、その経の本願力がどんな衆生をも救うことを説《の》べたものである。

その極楽浄土を韋提希夫人に示したときに、阿弥陀如来と共にその脇侍として空中に現われたのが、観音、勢至の二菩薩なのである。

極楽の観法（真理を思い浮かべること）の一つに観音観（極楽における観音の姿を思い浮かべること）がある。その中で説かれる観音の姿はまことに端正だといわれる。観音の身の丈は八十万億《はちじゆうまんおく》那由他《なゆた》由旬《ゆじゆん》（那由他は巨大な数の単位で、一那由他は一千億、由旬は距離の単位で、一由旬は牛車が一日に進む距離）という無限の高さに喩《たと》えられ、身は紫金色、項《うなじ》の円光の中には五百の化仏《けぶつ》（仏の分身、菩薩の本尊の小型の仏）がいる。頭には天冠を戴《いただ》き、その中に一つの化仏がいる。観音の化仏は阿弥陀仏である。観音の面容は金色に輝き、眉間の白毫相《びやくごうそう》（眉間にある光を発する白い巻毛、あるいは宝石）は七宝の色をそなえ、八万四千種類もの光明を放っている。

さらに体に懸《か》けている瓔珞《ようらく》（真珠、宝石、貴金属で編んだ、首、胸を飾る装身具）は、豪華荘厳の限りを尽くし、掌《たなごころ》は蓮花の色に輝き、この宝手をもって衆生を導いている。足をあげると、足の裏には千輻輪《せんぷくりん》の相（白毫とともに仏の三十二相の一つで、足の裏に千の車輻《しやふく》が車輪状にある）があり、自然に五百の光明を放ち、足を下げると、金剛摩尼《まに》の華が一面に散華《さんげ》するなどという観音の姿が述べられている。

この観音観をすることによって、さまざまな禍《わざわい》に遭うことなく、業を造らず、永く生死の罪を除くことができるという。

観音は、大勢至菩薩とともに、阿弥陀仏を助けて衆生を導き、浄土往生を願う人々の前に来迎《らいごう》するのである。『観無量寿経』の中には、つぎのように説かれている。

若《も》し念仏せん者はまさに知るべし。此《こ》の人は是《こ》れ人中《にんちゅう》の分陀利華《ふんだりけ》（蓮華）なり。観世音《かんぜおん》菩薩《ぼさつ》、大勢至菩薩《だいせいしぼさつ》その勝友《しょうゆう》と為《な》る。

これによると、観音が念仏行者の勝友（すぐれた友）となって無限に慈悲を垂れてくれることが説かれているのである。実に観音菩薩が、阿弥陀如来の脇侍として、極楽を家とし、娑婆《しゃば》世界に来迎するということは、この『観無量寿経』の教えによるのである。『観無量寿経』によって、観音が阿弥陀如来と深い因縁で結ばれていることが人々に理解され、深い関係にあることが認められているのである。

菩薩の相《すがた》

このほか観音のことを説いたお経には『観音三昧経』や『千手千眼大悲経』などがある。『観音三昧経』では、先に述べたように観音菩薩はすでに昔から成仏していて、正法妙如《しょうぼうみょう》来と称されており、釈迦如来はむかし、この正法妙如来の下で、弟子となって修行していたという。

また『千手千眼大悲経』においても、観音菩薩は不可思議の威神力を成就し、ずっと過去に成仏して正法妙如来と呼ばれていたが、衆生を救うために菩薩の相をあらわしていたと説かれている。

このことからわかるように、観音はたんなる菩薩ではない。菩薩とは悟りを求める人であり、仏になろうと修行する人のことである。それに対して、観音菩薩は、すでに過去において仏になった人であるが、衆生を救うために、あえて菩薩の相として現われたのだと考えることができるのである。

第三章　『観音経』の教え

西域の夜空の下で

インドで誕生した「観音」は、西域を通って中国にやってくる。筆者もまた西域をしばしば訪れたことがある。

西域の夜空にまたたく無数の星の美しさは東京の空では見られないものである。そのきらきらと輝く星空の下で、ある秋の夜、唐の時代の胡旋舞《こせんぶ》の再現かと思われるような美しい舞がくりひろげられた。菩薩の姿をし、宝冠や首飾りをつけ、美しい衣裳を着た舞姫を見ていると、石窟の壁画から抜け出した供養菩薩が舞っているように見える。盛りあがった乳房やしなやかな腕や脚は漢民族のものではない。かつて唐の時代に碧眼《へきがん》の美女に魂を奪われた長安の都の男たちの気持が理解できるような気がした。

西域の音楽、とくに亀茲楽《きじがく》はすばらしい。キジル石窟の音楽洞で天女たちがかなでる楽器と、まったく同じような楽器を無心に弾く現代の楽師たちの亀茲楽にあわせて、乙女たちの歌や群舞がつづく。

これはもちろん唐の時代のことではない。平成六年（一九九四）九月八日の夜のことであった。新疆《しんきょう》ウイグル自治区の拝城県《はいじょう》キジル郷東南七キロのムザルト河谷の西岸にあるキジル石窟記念館の前庭である。新疆ウイグル自治区の省都ウルムチからさらにバスで二日もかかるクチャ（庫車）からも、かなり離れた場所にあるのがキジル石窟である。前を流れるムザルト河の源流が発する七千四百三十五メートルの天山山脈の高峰のすぐ北側は、ロシア領のキルギス共和国である。

このキジル石窟にたどり着くには、拝城県域からバスで一時間あまり走り、さらに道路からはずれた月世界を思わせる荒涼たる景観の中を行くと、突然、眼前が開けて眼下にムザルト河の青い流れが見える。一面に白楊やタマリスクなどの草木が茂る河原に、キジル石窟の管理所や記念館がある。その前庭に鳩摩羅什《くまらじゅう》の銅像が建立されたのである。

『法華経』と鳩摩羅什

現在、中国仏教圏を形成する中国、韓国、日本や東南アジアの華人社会の諸地域において読誦《どくじゅ》する経典は、発音は国や地域で異なるが、同じ漢訳仏典である。

もっとも多く読誦されているのは『観音経』『般若心経』『金剛経』『首楞厳経《しゅりょうごん》』『阿弥陀《あみだ》経』などであるが、とくに『観音経』の読誦と信仰は大きい。『観音経』は先に述べたように本来、『法華経』の中の一章である。

『法華経』は詳しくは『妙法蓮華経』といい、西暦五〇年から一五〇年頃にかけて成立したお経である。インドの大乗仏教の中でもっとも重要なお経で、宇宙の真理（妙法）と永遠の生命（久遠《くおん》の釈迦）と菩薩の生き方が説かれている。

この経典によって、中国では六世紀に天台大師智顗《ちぎ》（五三八—五九七）が天台宗を開創し、最澄によって日本に伝えられて日本天台宗になった。また、日蓮はこの『法華経』によって日蓮宗を創立している。

『法華経』のサンスクリット語原典は、(一) ネパール本、(二) 中央アジア本、(三) ギルギット本の三種類が知られるが、完本はネパール本であるといわれる。

『法華経』の漢訳（中国語訳）で現存するものには三種ある。

・竺法護《じくほうご》『正法華経』十巻、西晋、二八六年訳。
・鳩摩羅什《くまらじゆう》『妙法蓮華経』七巻、姚秦《ようしん》、四〇六年訳。
・闍那崛多《じやなくつた》等『添品妙法蓮華経』七巻、隋、六〇一年訳。

この三種の漢訳の中で、もっとも後世に影響を与えたのが、第一章でふれた鳩摩羅什訳の『妙法蓮華経』である。そしてその中の第二十五品《ほん》（章）「観世音菩薩普門品」が、現在、『観音経』として、広く唱えられているのである。

鳩摩羅什の訳は、サンスクリット語原典を忠実に漢語に訳したのではなく意訳したところもあるが、文章がきわめて流麗であるため、中国人にとっては、読誦するのに適している。

中国仏教最大の功労者

鳩摩羅什は訳経史上、一時期を画したばかりでなく、中国仏教を移植の時代から発展の時代に展開させた功労者でもある。

羅什は亀茲《きじ》（庫車《クチヤ》）に生まれた。父は、本来ならばインドにおいて宰相の地位を継ぐべき人であったが出家し、母は亀茲国王の妹であった。羅什は九歳のとき母とともに罽賓《けいひん》（カシュミールまたはガンダーラに当たる、漢—唐代の古国）に移り、原始経典を学んだ。二十歳で戒を受け、『十誦律《じゆうじゆりつ》』を学んだ。その後、亀茲の新寺に住していた羅什の名声は西域諸国にひびくに至った。

そのころ、華北に群雄割拠して興亡を繰り返していた五胡十六国の国王たちは、仏教信奉者が多く、仏教興隆のためだけでなく、名僧を招いて国政や軍略の顧問として重用していた。関中に勢力をふるっていた前秦王苻堅《ふけん》も、羅什の名声を耳にして、将軍呂光《りよこう》をして西域諸国を攻撃させ、もし亀茲を攻略したらただちに羅什を捕らえて自分の許《もと》に送るように命令した。亀茲王を殺害した呂光は、羅什を連れて帰国する途中、苻堅が殺されて前秦が滅んだことを知り、涼州《りようしゆう》にとどまって自ら後涼国を建国して君臨したが、連行していた羅什を捕虜として十六、七年の長きにわたって涼州に幽閉した。この間に呂光は、羅什に強要して亀茲王女と密通させたという。

羅什は弘始三年（四〇一）十二月、呂光を滅ぼし涼州を平定した後秦の姚興《ようこう》に迎えられて、ようやく長安に入ることができた。姚興は仏教を信奉し、羅什を国師として迎え、長安の西明閣および逍遥園《しょうようえん》において経典を翻訳させた。

羅什が長安へ来た翌年から八年間にわたって翻訳された経典は、三十五部二百九十四巻にも達した。

その中には後世に至るまで大きな影響を与えた『妙法蓮華経』『阿弥陀経』『維摩《ゆいま》経』などの大乗経典、『中論《ちゅうろん》』『十二門論』などの中観《ちゅうがん》仏教（空《くう》の教えを説いた仏教の学派）の諸論、『馬鳴《めみょう》菩薩伝』『竜樹《りゅうじゅ》菩薩伝』などの伝記類がある。羅什こそ、インドの中観仏教や主要な大乗経典を中国に伝えた最大の功績者であった。

羅什は表面的には、亀茲の王女と密通したため、仏教の戒律を破った破戒僧であった。しかし羅什の心奥には、破戒をこえた大乗仏教の真実が生きていた。自分が訳した経典を臭泥《しゅうでい》の中に咲く浄らかな蓮華にたとえ、「臭泥の中に蓮華を生ずるが如し。ただ蓮華を採りて臭泥を取ることなかれ」と自ら語った羅什こそ、『法華経』の精神と深く結びつくものがあったのである。羅什は『法華経』を訳すとき、自分の思想と共通なものがそこにあるため、全力投球して訳出したにちがいない。だからこそ、不滅の名訳『妙法蓮華経』を生んだのであろう。

「諸法実相《しょほうじっそう》」

『法華経』の梵文原典の題名は「サッドダルマ・プンダリーカ・スートラ」という。サッドダルマとは「正しい教え」のことで、西晋の竺法護《じくほうご》は「正法」と訳し、姚秦の鳩摩羅什は「妙法」と訳した。プンダリーカは蓮の一種で白蓮のことである。竺法護は「正法華」と訳し、鳩摩羅什は「妙法蓮華」と訳した。現代の言葉でいえば「正しい教えの白蓮」となる。すなわち、「白蓮のごとき正しい教え」ということである。正しい教え、正法を白蓮にたとえたのが、この経の題名なのである。

鳩摩羅什はこれを「妙法蓮華経」と訳したが、妙法とはこの経の説く教えを意味し、蓮華は喩《たと》えである。伝統的な解釈によると、妙法とは「諸法実相《しょほうじっそう》」をあらわすという。諸法実相とは、先に述べたように、『法華経』のあらわす真理のことで、『法華経』のもっとも重要な教理の言葉である。

大乗経典にはそれぞれその経典を代表する言葉があり、たとえば『華厳《けごん》経』では「法界《ほっかい》」といい、『金光明経《こんこうみょうきょう》』では「法性《ほっしょう》」といい、『法華経』では「諸法実相《しょほうじっそう》」というが、諸法実相とは、一切のものの真実の相《すがた》をいうのである。

『法華経』の構成

次に『観音経』の母体である『法華経』の構成について、簡単にみてみよう。

『法華経』全体は二十八品、つまり二十八の章から成り立っている。『妙法蓮華経』によって二十八品を示すとつぎのようになる。

序《じょ》品《ほん》　第一
方《ほう》便《べん》品《ぼん》　第二
譬《ひ》喩《ゆ》品《ぼん》　第三
信《しん》解《げ》品《ぼん》　第四
薬《やく》草《そう》喩《ゆ》品《ぼん》　第五
授《じゅ》記《き》品《ぼん》　第六
化《け》城《じょう》喩《ゆ》品《ぼん》　第七
五《ご》百《ひゃく》弟《で》子《し》受《じゅ》記《き》品《ぼん》　第八
授《じゅ》学《がく》無《む》学《がく》人《にん》記《き》品《ぼん》　第九
法《ほっ》師《し》品《ぼん》　第十
見《けん》宝《ほう》塔《とう》品《ぼん》　第十一
提《だい》婆《ば》達《だっ》多《た》品《ぼん》　第十二

勧《かん》持《じ》品《ぼん》　第十三
安《あん》楽《らく》行《ぎょう》品《ぼん》　第十四
従《じゅう》地《じ》涌《ゆ》出《じゅつ》品《ぼん》　第十五
如《にょ》来《らい》寿《じゅ》量《りょう》品《ぼん》　第十六
分《ふん》別《べつ》功《く》徳《どく》品《ぼん》　第十七
随《ずい》喜《き》功《く》徳《どく》品《ぼん》　第十八
法《ほっ》師《し》功《く》徳《どく》品《ぼん》　第十九
常《じょう》不《ふ》軽《ぎょう》菩《ぼ》薩《さつ》品《ぼん》　第二十
如《にょ》来《らい》神《じん》力《りき》品《ほん》　第二十一
嘱《ぞく》累《るい》品《ぼん》　第二十二
薬《やく》王《おう》菩《ぼ》薩《さつ》本《ほん》事《じ》品《ぼん》　第二十三
妙《みょう》音《おん》菩《ぼ》薩《さつ》品《ぼん》　第二十四
観《かん》世《ぜ》音《おん》菩《ぼ》薩《さつ》普《ふ》門《もん》品《ぼん》　第二十五
陀《だ》羅《ら》尼《に》品《ぼん》　第二十六
妙荘厳王本事《みょうしょうごんおうほんじ》品《ぼん》　第二十七
普《ふ》賢《げん》菩《ぼ》薩《さつ》勧《かん》発《ぼっ》品《ぼん》　第二十八

このうち、「序品《じょほん》」「方便品《ほうべんぼん》」「譬喩品《ひゆぼん》」「信解品《しんげぼん》」「薬草喩品《やくそうゆぼん》」「授記品《じゅきぼん》」「化城喩品《けじょうゆぼん》」「五百弟子受記品《ごひゃくでしじゅきぼん》」「授学無学人記品《じゅがくむがくにんきぼん》」「随喜功徳品《ずいきくどくぼん》」の十品が、もっとも古く成立した部分とされ、『法華経』の原型は紀元前一世紀ごろ成立したといわれている。

『法華経』二十八品は、伝統的な教学によれば二つに分けられ、「序品」から「安楽行品《あんらくぎょうぼん》」までの初めの十四品が「迹門《しゃくもん》」、後の「従地涌出品《じゅうじゆじゅつぼん》」から最後の「普賢菩薩勧発品《ふげんぼさつかんぼつぼん》」までの十四品が「本門《ほんもん》」を説いたものとされる。

「本門」とは、久遠《くおん》の昔に成道した仏（本仏）が説いたものであり、「迹門」は久遠の本仏が衆生を導くためにこの世に釈迦仏として現われて説いた教えといわれる。

迹門の中には「方便品」「譬喩品《ひゆ》」「提婆達多品《だいばだったぼん》」などの有名な章があり、本門では「如来寿量品《にょらいじゅりょうぼん》」「如来神力品《にょらいじんりきほん》」などや、「観世音菩薩普門品《かんぜおんぼさつふもんぼん》」などが有名である。後に付加されたという第二十五章の「観世音菩薩普門品《かんぜおんぼさつふもんぼん》」が、先に述べたように『観音経』として単独に流布し、その影響は現在にまでも及んでいるのである。

『法華経』の信仰者たちは小乗仏教徒ではなく、熱烈な大乗仏教徒であった。小乗仏教では自分だけが悟りを開けばよいと考え、他人の救済を念頭におかなかった。これに反して大乗仏教では、自分だけでなく、他人も同じく救われなければならないと発願したのである。

菩薩のことを歌った読み人知らずの古歌につぎのような歌がある。

人をのみ渡し渡しておのが身は
岸に渡らぬ渡守《わたしもり》かな

この歌は、大乗の菩薩が一切衆生を救おうとする気持をよくあらわしている。

『法華経』はどこで説かれたのか

『法華経』は、それではどこで説かれたのか。「序品」によれば、マガダ国の古い都の王舎城の郊外にある霊鷲山《りようじゆせん》（グリドラクータ、鷲の峰）で説かれたことになっている。しかし、この経典が、王舎城を中心としたマガダ国で説かれたという確かな証拠はない。はっきりした地域を指定するのは困難なようであるが、『法華経』の流布状態から考えると、インドの西北部でつくられたとみられる。

『法華経』は昔から「諸経の王」といわれており、大乗経典の中の第一のお経である。『法華経』が重要なお経であるといわれるのは、すべてのものが成仏できるという「万善同帰《まんぜんどうき》」の教えを説いているからである。「万善同帰」という言葉は、聖徳太子の御製といわれている『法華義疏《ほつけぎしよ》』の中で用いられている言葉であり、『法華経』の特質をよくあらわしている。「万善」とは人々が行ういろいろな善行である。「同帰」とは、同じく帰るということで、仏に帰ることを意味する。つまり、「万善同帰」とは、われわれが日常行う善行によって、みな成仏できるということである。

平凡な中に真理がある

われわれが仏になるには長い間の修行が必要であり、難行苦行して初めて仏になることができると考えるのが普通である。しかし、『法華経』では、われわれが実行できるささやかな善事だけでも成仏できることが説かれている。この誰でもが成仏できるということは、前にも述べた諸法実相というこのお経の宗教的真理に基づいている。諸法実相とは、端的にいえば、「現象すなわち真実」ということであると前に述べた。この世の存在、世間の現象そのままが真実の相《すがた》であるというのである。

真実の相とは真理であり、仏の悟りの内容そのものであるといってよい。昔から「真理は足下にあり」といわれるが、仏の悟りは、決してこの世の中とまったくかけ離れたところにあるのではなく、われわれの足もとに、眼の前に、悟りの機会はいつでもある。われわれの眼の前に展開する光景は一見平凡であるが、その平凡なことがらの中に真理があるのである。

悟りの機会をつかむか否かということは、眼の前の光景によるのではなく、それを見るわれわれの心にあるといえるだろう。

釈迦は菩提樹の下で暁《あかつき》の明星を見て、悟りを開いたといわれている。暁の明星は悠久の昔より輝いていて、昔から多くの人々がこの明星を見ていた。しかし、明星の輝きを見て悟りを開いたのは、釈迦ただ一人だった。

これによってわかるように、眼の前の平凡な光景に諸法実相の真理を見る目と心さえあれば、悟りを開くことができるのである。まさしく諸法実相ということは「真理は平凡の中にあり」ということを教えているのである。

『法華経』には「治生産業は皆是れ仏法なり」という言葉があるが、日常の生活も、経済活動もすべて仏法であることを強調している。

この経の心を得れば　世の中の
　うりかふ声も法《のり》をとくかな

いつ頃誰が詠んだのかは不明であるが、この古い歌の意味は、『法華経』の心がわかれば、世の中の商売の売り声も仏法を説いている声に聞こえるというものである。

「会《え》三《さん》帰《き》一《いつ》」

われわれの行為の上に諸法実相の道理があらわれていることは、われわれの人格の中に仏が存在していることを示している。人格の本質がすなわち仏であることを物語っているのである。われわれはすべて仏性を持っている。仏性を持っているということは、われわれが元来仏であるということである。われわれの煩悩の中に仏がかくされているのである。

しかし、われわれに備わっている仏性は、あたかも雲間にかくされた月のように、煩悩の黒雲におおわれて、その玲瓏《れいろう》たる光を発揮できないでいる。この煩悩の雲を払えば、仏性が現われ、われわれは仏となることができるのである。

仏は外に求めるものではなく、われわれ自身の中に求めるものである。われわれには仏性があり、仏になることができるという信念を持つことが大切である。この信念を持つことによって、万善同帰ということが理解されてくるのである。

しかし、ささやかな日常の善行で成仏できるということは、仏の弟子たちであっても容易に理解しがたいことであった。それが『法華経』において初めて明らかにされたのである。『法華経』の「万善同帰」を他の言葉でいいかえると「会三帰一《えさんきいつ》」ということになる。「会三帰一」とは「三を会《え》して一《いつ》に帰す」ということである。三とは三乗、一とは一乗のことである。三乗とは、声聞乗《しょうもんじょう》、縁覚乗《えんがくじょう》、菩薩乗《ぼさつじょう》のことで、一乗とは一仏乗のことである。「乗《じょう》」とは乗物《のりもの》のことで、修行の方法を乗物に喩えたのである。「乗」とはある一定の到達点を目指して進む修行の方法のことである。

声聞乗とは、声聞という地位に到達できる修行の方法であり、縁覚乗とは縁覚という地位に、菩薩乗とは菩薩という地位の到達を目指す修行の方法である。声聞、縁覚、菩薩というのは仏教における悟りの境地をあらわす名前であって、その悟りの深浅によって三段階に分けて説かれているのである。

小乗と大乗

まず第一の声聞とは、仏の弟子となり、その教えを聞いて修行する人で、いわば他の助力によって悟りを開く人たちである。これに対して第二の縁覚とは、十二因縁の道理を理解して、独力によって悟りを開いた修行者をいう。十二因縁とは生死流転する人間の現実の生においてなぜ苦しみがおきるのか、どうしたらその苦しみから離脱できるかを無明《むみよう》から始めて十二の項目とその互いの関係で説明した方式である。

このように第一の声聞と第二の縁覚とは内容が異なっているが、二つに共通しているのは、自利のために修行するということである。

声聞と縁覚とに対して第三の菩薩というのは、自利だけでなく、自利と利他の二つの面で修行をする人である。自利だけ修行する人たちを小乗と呼ぶのに対して、自利利他の二つの面で修行する人たちを大乗と呼んでいる。自利だけを願う人は、生死の苦しみから自分だけ解脱《げだつ》を得ればよいのであるが、自利利他を願う人は自己の解脱とともに人を助ける智恵を得なければならない。前者は現実生活を捨てて悟りを開けばよいのであるが、後者は現実生活の真っただ中で人々を救い、自らも悟りを開かなければならない。

三乗の人たちが目指す理想境は、それぞれ異なり、ある者は声聞を目指し、ある者は縁覚を目指したが、これらの人々は成仏を目指して修行しようという気持は持たなかった。

ところが『法華経』において、初めて成仏に向かって修行する大切さが説かれたのである。これがいわゆる「会三帰一」ということなのである。声聞、縁覚、菩薩の三乗はもともと未熟の衆生の智恵と能力に応じて説かれたもので、真実（一乗）に導くための方便であるが、『法華経』においては、声聞、縁覚、菩薩という三乗の区別はまったくなく、すべて唯一の一乗に帰入させるのがその説法の趣旨である。すべての者が成仏することを説いているのである。

「仏寿無極《ぶつじゅむごく》」

『法華経』にはまた「仏寿無極《ぶつじゅむごく》」という教えがある。小乗の人々は八十歳で涅槃《ねはん》に入った釈尊をもって真の仏と信じていたが、この『法華経』では、仏身とは生死するもろい仏身ではなく、また単なる肉身でもなく、仏の真の人格こそほんとうの仏身であると説いたのである。仏の真の人格とは無限の仏の生命である。『法華経』においては、この無限の生命をあらわす「仏寿無極」ということが説かれているのである。

このように『法華経』には「万善同帰」と「仏寿無極」という二つの教えを根底として大きな宗教物語が説かれている。この二つの教えによって煩悩を持った人々も、みな仏になることができるという希望をもって、大きな理想に向かって進むことができるようになったのである。

われわれは自分自身の尊さを自覚しなければならない。自己の中にある仏性という尊いものを認めることによって人間は立派に生きてゆけるのである。それを教える『法華経』こそ、われわれの生命の糧であるといえる。

それでは、この『法華経』の一章である『観音経』には、どのような教えが説かれているのであろうか。

『法華経』の中の『観音経』

観音についてもっとも広く読まれているお経『観音経』は、繰り返し述べてきているように『法華経』の第二十五章を取り出したものであり、正しくは「妙法蓮華経観世音菩薩普門《みょうほうれんげきょうかんぜおんぼさつふもん》品《ぼん》第二十五」、一般には簡単に「普門品《ふもんぼん》」といわれている。

『法華経』の中でもっとも重要な章は四章あり、「方便品」「安楽行品」「如来寿量品《じゅりょうぼん》」の三章とともに『観音経』(「普門品」)が数えられている。

天台大師智顗《ちぎ》は、法華経二十八品をその内容によって、前半十四品を迹門、後半十四品を本門と分けたが、一般にお経の構成は、「序分《じょぶん》」「正宗分《しょうしゅうぶん》」「流《る》通分《つうぶん》」の三つに分けられる。

序分というのは序論であり、仏がそのお経を説くようになった因縁、場所、聴衆などについて述べた部分である。正宗分とは本題、本論に相当する部分でお経の中心となるところである。流通分とは結論の部分であり、そのお経を世に伝え、人々に利益を与えるにはどうしたらよいか、ということを説いたところである。

この三つの分類から『法華経』全体の中での『観音経』の所属を考えると、『観音経』は流通分に入る。このことは、『観音経』が観音菩薩によって『法華経』の正しい教えを多くの人々に伝えていることを意味している。

観音菩薩は世の中の人々を『法華経』の正しい教えに引き入れるために人々を救うのである。観音の救世《くせ》の大願の中には、世の中の人々の苦しみを救い、『法華経』の正しい教えを信奉させようという願いが秘められているのである。

『法華経』が説いているのは、観音の救済こそが『法華経』の理想にかなうものであるということである。観音の救いの中に『法華経』の高い理想の光を見出していくのである。

このことを念頭において『観音経』を見てみると、観音の誓願がますます明らかとなる。観音こそ『法華経』の正しい教えを実践する菩薩であり、その先達であることがわかる。観音は『法華経』の理想によって生き、身を振舞い、『法華経』の理想を実践している菩薩である。観音こそ『法華経』を宣布する方法を示した菩薩であるといえよう。

観音の救済

『観音経』に説かれる観音菩薩は、『法華経』の理想を体現し、『法華経』の教えを実践する菩薩である。

『観音経』によると、ある時、仏が『法華経』を説いている会座《えざ》（仏の教えを聞くための集まり）の中に、無尽意《むじんに》菩薩という菩薩がいた。無尽意菩薩は普賢如来の後継ぎの菩薩であり、無尽とは大悲の無尽であることを表している。

この無尽意菩薩がはるばるとこの世にきて『法華経』の会座に参加していたのである。会座では、つぎつぎに薬王菩薩（『法華経』に説かれる二十五菩薩の一人で、良薬を施与して衆生の心身の病苦を除くという菩薩で、釈迦の脇侍）や妙音《みようおん》菩薩（妙音とはすぐれて美しい音声、音楽のことで、『法華経』「妙音菩薩品」の菩薩で、東方一切浄光荘厳国から『法華経』の会座、霊鷲山《りようじゆせん》にきた菩薩）などという菩薩のことが話題にのぼっていた。

無尽意菩薩は、仏に観音菩薩のことを尋ねようと、座より立って偏《ひとえ》に右の肩を袒《はだぬ》いだ。偏に右の肩を袒ぐ「偏袒右《へんだんう》肩《けん》」というのはインドの最高の礼儀作法で、僧が袈裟《けさ》をかけるとき、右の肩が出ているのは同じ道理からである。無尽意菩薩は執着の座から立ち上がり、無我の立場にたって智恵の光を発しながら仏に質問したのである。

「世尊よ、観世音菩薩は何の因縁をもって、観世音と名づけるのですか」

これに対し仏は、観音菩薩が衆生の救いを求める音声を聞いて、即座に衆生を苦しみより救うことをお説きになり、このために観世音と名づけるのである、と答えた。

衆生の七難

『観音経』はこのような書き出しで始まり、以下観音の救済が説かれていく。まず最初に観音は衆生の七難を救済することからはじまる。『観音経』にあげられた七難とはつぎの如くである。

(一) 火難
(二) 水難
(三) 暴風難
(四) 刀杖難《とうじょうなん》
(五) 鬼難
(六) 枷鎖難《かさなん》
(七) 怨賊難《おんぞくなん》

これらの七つの災難は、われわれの現実の生活の中にしばしば起ることである。そのようなとき、観音の名を称えるならば、観音はこの七難を除いてくれるという。

これらの七難は不慮の災厄が多い。いつ襲ってくるかわからない不慮の災厄を心配し、実際にそのときにあたれば恐怖を起こすことになる。その恐怖を除き、心配のない、明るい生活を続けるために観音の力に頼らなくてはならない、というのが『観音経』の教えなのである。

三毒を除く

つぎに『観音経』では三毒を除くことを説いている。三毒とはわれわれの心の中に常に起こってくる煩悩、すなわち貪《とん》(むさぼり)、瞋《じん》(いかり)、痴《ち》(おろかさ)のことである。これらは、あたかも毒薬のように人間の心を死に至らしめるので、三毒といったのである。『観音経』はこの内なる欲望、障害である婬欲、瞋恚《いかり》、愚痴の三つの欲望を慈悲、勇猛心、智慧の心に転換させる方法を説いている。この三毒がわれわれの心の中に起こったとき、ひたすら観音菩薩を念ずるならば、たちどころにこの三毒を消滅させて煩悩を除く智慧を得ることができるのである。

二求両願

つぎに『観音経』はわれわれの二求(衆生の持つ二つの欲求。普通は安楽と長命の二つ。ここでは男子と女子の両方を得ること)両願を満足させることを説いている。われわれが人生において求めるものははなはだ多い。長寿、富、名誉、権力、地位などさまざまなものがあるが、子宝を得るということも大きな望みである。

「子宝を得る」という意味は、多くの子を得ることだけではない。よい子を持つということが、ほんとうの子宝を得ることになる。観音はこの子宝を人々に与えてくれるのである。観音に祈願をこめることによって、聡明な男児や、美しい女児に恵まれるのであるという。経文には次のように説かれている。

若《も》し女人《にょにん》有《あ》りて、設《も》し男を求めんと欲して、観世音菩薩を礼拝《らいはい》供養《くよう》せば、便《すなわ》ち福徳《ふくとく》智慧《ちえ》の男を生まん。設《も》し女を求めんと欲せば、便ち端正有相《たんしょううそう》の女を生まん。宿《むかし》に徳本を植えたるをもつて衆人《しゅうにん》に愛敬《あいきょう》せらるる。無尽意《むじんに》、観世音菩薩は是の如《かく》き力あり。

観音の慈悲は、われわれが願い求める最大なものを恵んでくれるのである。これらはいずれも、二求両願に応じてくれた観音の慈悲なのである。

この二求両願は、観音を礼拝供養することによって満足されると説かれている。礼拝供養とは身体で行う行為である。すなわち身体をもって観音に帰依することである。観音を至誠をこめて礼拝すれば決して空しくなく、恵まれた人生を享受することができるのだという。

名号を頂礼《ちょうらい》する

つぎに経典は観音の名号を頂礼《ちょうらい》する功徳について述べている。もし、われわれが六十二億恒河沙《ごうがしゃ》（恒河はインドの聖なる河ガンジス河のこと、ガンジス河の砂ほどの無数無限の意味）の菩薩の名を頂礼して、それらの菩薩に飲食《おんじき》、衣服、臥具《がぐ》、医薬のいわゆる四供養をすれば、その功徳ははかりしれないほど大きい。

しかし、それができなくても、観音菩薩の名号を頂礼し、ほんの一時だけでも礼拝供養する福徳は、十分これと匹敵するものであり、その功徳はきわめつくすことができないほど広大なものであるという。

若《も》し復《また》人ありて、観世音菩薩の名号を受持《じゅじ》し、乃至《ないし》一時《ひととき》も礼拝供養せん。是の二人の福、正に等しうして異なること無し。百千万億劫に於ても、窮《きわ》め尽《つく》すべからず。無尽《むじん》意《に》、観世音菩薩の名号を受持せば、是《か》くの如きの、無量無辺の福徳の利を得ん。

仏はこのように説き、観音の名号を頂礼することは、六十二億恒河沙の菩薩を供養するのと同じ、たいへんな功徳があることを無尽意菩薩に示したのである。

観音の応現

ここで先の無尽意菩薩の話に戻ろう。無尽意菩薩はここにおいて観音のありがたさを深く知り、観音の名号を頂礼する利益の広大なことを自覚したが、さらに進んで観音の娑婆世界における遊化《ゆげ》（遊行して教化すること）について仏に尋ねた。

観音は救世《くせ》（世間の人々を救済する）菩薩である。この菩薩が世の中に現われて、どのような方便（悟りや涅槃に導くために衆生の能力に応じて説く便宜的な手段）をもって教えを説かれるのかは、無尽意菩薩のもっとも知りたいところであった。これに対して仏が説かれたのが三十三身十九説法である。

三十三身とは、観音が三十三のさまざまな姿に身を現じて人々に法を説くことをいう。三十三身とは、（一）仏身、（二）辟支仏《びゃくしぶつ》身、（三）声聞《しょうもん》身、（四）梵王《ぼんのう》身、（五）帝釈《たいしゃく》身、（六）自在天身、（七）大自在天身、（八）天大将軍《てんだいしょうぐん》身、（九）毘沙門《びしゃもん》身、（十）小王身、（十一）長者身、（十二）居士《こじ》身、（十三）宰官《さいかん》身、（十四）婆羅門《ばらもん》身、（十五）比丘《びく》身、（十六）比丘尼《びくに》身、（十七）優婆塞《うばそく》身、（十八）優婆夷《うばい》身、（十九）長者婦女《ちょうじゃぶにょ》身、（二十）居士婦女身、（二十一）宰官婦女身、（二十二）婆羅門《ばらもん》婦女身、（二十三）童男身、（二十四）童女身、（二十五）天身、（二十六）竜身、（二十七）夜叉《やしゃ》身、（二十八）乾闥婆《けんだつば》身、（二十九）阿修羅《あしゅら》身、（三十）迦楼羅《かるら》身、（三十一）緊那羅《きんなら》身、（三十二）摩睺羅伽《まごらか》身、（三十三）執金剛神《しゅうこんごうじん》身、である。

観音が応現する三十三身を簡単に説明すると、つぎの通りである。

聖者の三身

（一）仏身、（二）辟支仏《びゃくしぶつ》身、（三）声聞《しょうもん》身を聖者の三身といい、辟支仏身は十二因縁で、声聞身は仏の声、四諦《したい》（苦・集・滅・道）の真理によって悟った人をいう。（四）梵王《ぼんのう》身はもとヒンドゥー教の主神で、仏教に取り入れられ護法身となった。（五）帝《たい》釈《しゃく》身はインド神話のインドラ身であったが、仏教に取り入れられて護法身となった。（六）自在天身はバラモン教の世界創造神であったが、仏教に取り入れられて他化自在天《たけじざいてん》（欲界六天の最高の第六天をいう）の天魔となった、十悪を喜ぶ魔王である。（七）大自在天身はもとヒンドゥー教のシヴァ神であったが、仏教では色界の頂天に住する魔王、（八）天大将軍《てんだいしょうぐん》身は転輪聖王のことで、インド神話における帝王の理想像であり、正義によってすべてを支配する王、（九）毘沙門《びしゃもん》身は多聞天《たもんてん》ともいい、四天王の一人で北方を守護する財福の神をいう。以上（四）から（九）までを天界の六身という。

（十）小王身とは人間界の神さま、人王のこと、（十一）長者身とは富貴で貴人の風格を兼備した人、（十二）居士《こじ》身とは在家の男子の仏教信者、（十三）宰官《さいかん》身は役人、（十四）婆羅《ばら》門《もん》身はインドではカースト最高の僧侶階級の人で司祭者のこと、以上五身は人界の中の仏教外の五身である。

（十五）比丘《びく》身、（十六）比丘尼《びくに》身、（十七）優婆塞《うばそく》身、（十八）優婆夷《うばい》身を四部衆といい、仏教信者の男女をいう。比丘は男僧、比丘尼は尼僧、優婆塞は在俗の男性信者、優婆夷は在俗の女性信者のことである。

（十九）長者婦女身《ちようじやぶによ》、（二十）居士婦女身、（二十一）宰官婦女身、（二十二）婆羅門《ばらもん》婦女身は人界中の四婦女身で、それぞれ長者、居士、宰官、婆羅門の妻女をいう。（二十三）童男身、（二十四）童女身は男女の子供のことで、人間界の幼童の二身とされる。

仏法の守護神

つぎに観音が応現するのは、人非人の天竜八部衆（仏法を守護する八部の異類の中で、天と竜は八部中の上位なので天竜八部衆という）で、仏法の守護神である。（二十五）天身は超人的な鬼神、（二十六）竜身は竜王・竜神、（二十七）夜叉《やしや》身は空中を飛行する悪神で、すべての善行を妨害するもの、（二十八）乾闥婆《けんだつば》身とは天上の音楽師、（二十九）阿修羅《あしゆら》身は闘争を好む悪神である。（三十）迦楼羅《かるら》身は金翅鳥《こんじちよう》のことで、竜を食べる大きな鳥、（三十一）緊那羅《きんなら》身とは半人半獣の角をもつ楽神、（三十二）摩睺羅伽《まごらか》身は大蛇、蛇神のことで、以上の八部身は観音八部衆といわれる。

最後の（三十三）執金剛神《しゆうこんごうじん》身は、仏を護衛する二王のことで、悪者を破砕し仏を守る正義の神である。

このように観音は、天界、人界の善悪三十三身に身を現じて説法するのである。単に姿を変えるだけではなく、姿を変ずるに伴って説法の仕方も変わってくる。これが十九種の説法の様式となるのである。

観音は自在にどんな人にも身を現じ、どんなふうにでも自由自在に説法するのである。このことを「普門示現」といい、観音の偉大な徳として尊ばれている。

観音と首飾り

無尽意菩薩に観音の三十三身十九説法のことを説いた仏は、最後に結論として、ただ一心に観世音菩薩を供養すべきだと教えた。また観音は世の中の怖畏急難《ふいきゆうなん》の中において、よく無《む》畏《い》を施す（恐怖を取り去って救う）ので、このため観音のことを「施無畏者《せむいしや》」と呼ぶのであると教えた。

「無尽意よ、観世音菩薩摩訶薩の威神力はこのように巍々《ぎぎ》たるもので、その大慈悲心はすべてを漏らすことなく救ってくださるのである」と、仏が観音のことを讃歎したので、無尽意菩薩は、観音に供養を捧げようと思い立ち、頸《くび》にかけた瓔珞《ようらく》（首飾り）をはずした。その瓔珞は金銀珠玉でつくられた、価もつけられないほど高価なものであった。

無尽意菩薩はこの瓔珞を捧げて「観音さま、どうかこの法施の瓔珞をお受け下さい」と言った。しかし、観音はあえてこれを受け取らなかった。無尽意菩薩はふたたび、この供養をお受け下さいと願った。仏もまた観音菩薩に瓔珞を受け取るように勧めた。「無尽意菩薩やすべての衆生を愍《あわれ》んでこの瓔珞を受けてやって下さい」と。

娑婆世界への出現

仏のこの言葉を聞くと観音は即座にこの瓔珞を受け、その瓔珞を二つに分け、一つは釈迦如来に、一つは多宝仏塔にこれを捧げたのである。この多宝仏塔というのは『法華経』の「見宝塔品《けんほうとうぼん》」に説かれる多宝塔のことで、塔の中には多宝如来が結跏趺坐《けっかふざ》しているので多宝塔という。多宝如来というのは『法華経』の教えが真理であることを証明することを本願とした如来である。その名前は、『法華経』の真理が永遠に滅びることのない真理を意味している。

無尽意菩薩と仏の勧めによって瓔珞を受けた観音菩薩が、この瓔珞を二分して釈迦牟尼仏と多宝仏に供養したということは、現実にこの世に姿を現わし娑婆世界で活動している釈迦牟尼仏と、永遠の真理である多宝仏とに、身をもって平等の布施を行うことを明らかにしたのである。そこで仏は、この問答を結んで最後に無尽意菩薩に向かい、「無尽意よ、観世音菩薩はかくの如き自在神力があって、この苦難の娑婆世界に出現せられたのです」と言ったのである。

第四章　観音信仰の歩み

中国僧の観音信仰

観音信仰は『観音経』の流布とともに、インドから中国へ伝えられた。インド人の伝道僧たちの中に観音の信仰者がおり、それが東へ伝わっていったのである。この章では、観音信仰の広がりと、そして観音が各地でどのように受容されていったかをたどりたい。そしてまた、中国僧たちの観音信仰について述べていきたい。

観音信仰の伝播の詳しい流れは、文献的にはほとんど不明であるが、観音の造像の面からいえば、ガンダーラやマトゥラーから出土した観音像の造像年代からみて、二、三世紀にはインドの西北部に観音像が出現し、信仰されていたことは明らかである。観音信仰の伝播に大きな役割を果たしたのは、訳経僧たちの活躍であった。

後漢（二五—二二〇）の頃からすでに、安息国（パルチア）の安世高《あんせいこう》や、大月氏国（紀元前三—紀元一世紀の中央アジアの王国）の支婁迦讖《しるかせん》などの訳経僧が渡来して、梵本を翻訳したが、初めて多くの大乗経典を漢訳したのは、西晋代の竺法護《じくほうご》であった。彼の訳した『正法華経』により、観音信仰が広まる基礎ができ、その百二十年後、偉大な翻訳僧鳩摩羅什によって『妙法蓮華経』の名訳がなされ、その中に収められていた「観世音菩薩普門品」が流布されて、観音信仰は急速に広まっていったと思われる。

後漢の頃から、インドや西域から訳経僧たちが、仏典を中国に伝え、その教えを広めるために、シルクロードを通って、中国にやってきた。同じ頃その反対側から中国の僧たちが、シルクロードの沙漠を通り、パミール高原の峻嶮《しゅんけん》な山を越えてインドにたどり着いた。彼ら求法僧たちは、インドの仏教遺跡を参拝することや、中国に伝わってない経典を手に入れること、高僧たちから直接、教えを受けることなどの強烈な志と目的を持って西域へわたったのであった。

その中国僧の数は、四世紀から八世紀にかけて、後世に名を伝えられただけでも百六十九名に及ぶといわれている。

中国僧でいちばん最初に西域に行き于闐《うてん》（現在の和田市《ホータン》）から『般若経』を中国にもたらした（二八二）のは朱子行《しゅしこう》（生没年不詳、三世紀ごろ）であったが、そのほか多くの人々がインドに行っている。

その多くの西域求法僧の中で、もっとも重要なのは東晋《とうしん》（二六五—四二〇）の訳経僧、法顕《ほっけん》である。生没年は三三九？—四二〇年？といわれ、山西省襄垣県《じょうえん》の人である。二十歳の時、具足戒《ぐそくかい》（僧として守るべき戒）を受けた。この法顕がインドへ行く決意を固めたのは、中国にまだ伝わっていない戒律の経典を求めるためであった。

法顕が、インドへ出発したのは弘始元年（三九九）である。長安を出発したときの同行者は五人であったが、河西回廊の張掖《ちょうえき》で、同じ西域求法僧の智厳《ちごん》や宝雲《ほううん》ら五人の僧と出会って一緒になり、西域南道の于闐でさらに一人が加わり、あわせて十一人となった。

法顕の旅

法顕の行路は、長安を出て蘭州から甘粛省永靖《えいせい》県の炳霊《へいれい》寺石窟に寄り、ここで黄河を渡り青海省から祁連《きれん》山脈を越えて張掖に入っている。ここから流沙を渡り、敦煌《とんこう》から西域諸国をまわり、パミール高原を越え、さらにカラコルム山脈を通り北インドに出て、ガンダーラから中インドのマトゥラーなどの仏跡を通り、インドを南下して師子国《ししこく》（セイロン島、現在のスリランカ）に至った。

師子国からは海路を船に乗り、スマトラ島を経て広州を目指したが、途中暴風に遭い、四一三年、山東半島の牢山《ろうざん》に漂着するように帰り着いた。行きは陸路であったが、帰りは海路であった。出発したとき十一人いた同志も、途中で帰国したり、病に倒れたり、あるいは遭難したり、帰国をあきらめてインドに留まったりしたため、目的を果たして師子国に着いたときにはたった一人であった。

しかも、法顕は出発したときすでに六十歳すぎであり、十四年間にわたって西域やインドを旅行し、ガンジス河畔のパータリプトラ（現在のパトナ）で律蔵《りつぞう》を得て中国に帰国したときは、七十四歳を過ぎていた。

法顕はシルクロードの沙漠を渡ったときの状況をつぎのように記録している。

上に飛鳥《ひちょう》なく、下に走獣《そうじゅう》なし。四顧《しこ》茫茫《ぼうぼう》として、之《おもむ》く所を測《はか》る莫《な》く、唯《た》だ日を視《み》て以《もっ》て東西に准《なぞら》え、人骨を望んで以て行路を標《ひょう》するのみ。しばしば熱風悪鬼《ねっぷうあっき》あり、之《これ》に遇《あ》えば必ず死す（『梁高僧伝』巻三）。

この文章は沙漠の旅行記としてもっとも有名な記事である。茫々として果てしなくつづく沙漠では、方角がまったくわからない。そこで、太陽の位置で東西を知り、人骨が散乱している道をたどるしかない。沙漠には熱風が吹きすさび、それは悪鬼にも見えたのである。法顕は多くの苦難と戦いながら、中央アジアからインドを廻った。最後にセイロン島に遊歴したが、この地の寺院で故国の商人が白絹の扇を仏前に供養するのを見て、なつかしさに涙悽然《せいぜん》とし、望郷の念にかられてついに帰国を決意した。乗った船が途中暴風雨に遭ったもののの、東晋の義熙《ぎき》九年（四一三）に中国に帰り着いたのである。法顕は自らの旅行の体験をもとにして旅行記を著わしたが、それが有名な『仏国記』である。

水難に遭う

法顕の観音信仰については、この『仏国記』の中に述べられている。それによれば、法顕はセイロン島に滞在後二年たってから帰国の途についている。法顕が乗った船は、二百人余りが乗ることができる商人の大船であった。

セイロン島を出てしばらくの間はよい風に恵まれていたが、二日後に大風に遭った。船が浸水し、乗客は恐れおののき、船を軽くするため、持っている財貨や荷物を海中に投げ捨てた。法顕もまたインドから大切に持参した仏具の水瓶《すいびょう》や水を汲む杓子《しゃくし》などを捨てた。法顕は、持ち帰ろうとしていた経典や仏像が商人たちに投げ捨てられるのを恐れ、ひたすら一心に観音を念じた。さらに漢地（故国中国）にいる多くの僧たちに祈りを捧げ、「我は遠く行《ゆ》いて法を求めたり。願いまつる威神により帰流して止まる所に至り得んことを」と祈った。

かくして大風が十三昼夜つづいたが、ついに風も止み、ある島の浜辺に漂着して助かったという。

法顕が水難から助かったのは、法顕の観音信仰の力であるとされる。『観音経』には、「若《も》し大水《だいすい》の為に漂《ただよ》わされんに、其《そ》の名号《みようごう》を称《とな》えれば、即《すなわ》ち浅き処《ところ》を得ん」という経文があるが、まさしくこの経文通り、観音の名号を称え、水難から免れることができたというのである。観音信仰によって船の沈没から免れたと伝えられる一例である。

船の修理が終わり、漂着した島からふたたび大海に出て約九十日後、耶婆提《やばだい》国に着いた。その港で船を換《か》えた法顕は、ふたたび広州に向かった。この船も定員二百人余りの商人の大船であり、食糧も五十日分積んでいた。

しかし出帆後一月余りたつと、またしても暴風雨に遭った。吹きすさぶ黒風に、商人や乗客はことごとく恐怖し、法顕もまた生きた空なく、一心に観音を念じ、また漢地の僧たちにも加護を祈念したので、その威神力によってか風も静まり、ようやく助かって無事に夜があけた。

ところが、船の中に乗っていた婆羅門《ばらもん》たちは、みな法顕を指さして、「この沙門（仏教僧）が船に乗っているので、われわれがこのような大きな苦難に遭うのだ。この沙門を最寄りの島に降ろしてしまえばよい」と口々に言い立てたのである。形勢ははなはだ不穏となった。

しかし、法顕の信者たちは言葉を励まして「もし、この沙門を船から降ろすならば、われわれも降ろしてくれ。そうでなければ自分を殺してくれ」と強く抗議した。そのため婆羅門や商人たちも、ためらってあえて法顕を船より降ろそうとはしなかった。その後、多くの艱《かん》難《なん》を経てさらに九十日の後、法顕はようやく青州《せいしゅう》（山東半島）の海岸に着いたのである。

この二回目の遭難のときにも、法顕は観音に念じ、助かったのである。

法顕を船から降ろそうとした婆羅門や商人たちは、インドの宗教であるバラモン教を信じていたが、法顕の信者たちは観音信仰者が多かったと思われる。その信者たちの抗議が婆羅門たちの意志をくつがえし、法顕は南海の孤島に降ろされずにすんだのである。

また法顕は一心に観音を念じたことによって、観音の威神力を受け、それによって災難から逃れることができたと信じた。法顕が受けたのは観音の慈悲ではなく観音の威神力であったという。『観音経』の中には「念彼《ねんぴ》観音力」という経文があるが、まさしくこの観音力によって難を避け、無事に故国に帰ることができたというのである。

法顕の影響

法顕は、インド旅行の間に、その見聞したことを『仏国記』の中に記録しているが、観音信仰についても言及している。摩頭羅《マトウラー》国（古代インドの十六大国の一つで、現在のデリーの東南東百四十キロメートル、ヤムナー河畔にあった国で、古代ヒンドゥー教の聖地、ジャイナ教の中心地であった）に行ったとき、大乗仏教を信仰する人たちは、文殊菩薩や観音菩薩を供養していたという。文殊と観音が大乗信奉者の守護神として供養されていたことは、三、四世紀にはインドの摩頭羅国において観音信仰が存在していたことを示すものである。

法顕より二百五十年後にインドに渡り、その宗教や文化について記録している玄奘《げんじょう》の『大唐西域記』には、観音について六、七回も記録しているのに対し、法顕はただ一回、摩頭羅国の観音について書いているにすぎない。

法顕は、中国への帰路、二度にわたって海難に遭ったとき、観音を信じることによってその威神力を受け命が助けられたと信じた熱烈な観音信者であった。その法顕が旅行記の中でたった一回だけしか観音について述べていないのは、法顕の時代には、まだ、インドにおいては大乗経典で説かれた観音信仰が十分に流布していなかったことを示すものであろう。

摩頭羅国においても大乗信奉者だけが観音を信じており、法顕がインドへ行った五世紀の初めには、インドには観音信仰はまだ人々の間に深く浸透していなかったのである。

しかし法顕の記録の中に観音の霊験が説かれたことは、中国の人々にも影響を与えたと思われる。それは、法顕が帰国してから、百年後にあたる梁《りょう》の時代（五〇二―五五七）に撰述された宝唱の『名僧伝』（巻二十五）には、とくに「第二十五、法顕念観世音事」という項目が立てられ、法顕の観音信仰について述べられているからである。

悪獣から逃れる

法顕の求法の旅を聞いて発奮し、志を立て、劉宋の永初元年（四二〇）、曇無竭《どんむかつ》は、同志二十五人とともに中国を出発して、インドへ向かったが、罽賓国《けいひん》において、梵文で書かれた『観世音菩薩授記経』を求めることができたという。

罽賓国は先に述べたようにインドの西北にあるカシュミールであるが、この時代、この地方に観音信仰を説いたお経が流布していたことを示すものである。曇無竭はこの『観世音菩薩授記経』を深く信仰し、何時もそれを読誦していた。そのためか、同行二十五人のうちたった五人しか残らなかったというきびしい旅の災難の中で、曇無竭は無事に旅行を続けることができたという。

たとえば舎衛城《しゃえい》（釈迦時代の強大国の一つであったコーサラ国の首都、シュラーバスティー）に行く途中で、山の中で象の一群に出会ったが、観音の名号を称えたところ、たちまち林の中から獅子が現われ、象は逃げ去ったという。また恒河（ガンジス河）を渡るときに野牛に襲われたが、曇無竭が観音の御名を称えたところ、大鷲が飛来して野牛は逃げ去ったともいわれている。『観音経』の中に、

若《も》し悪獣に囲繞《いにょう》せられ、利《するど》き牙《げ》爪《そう》怖るべきも、彼の観音の力を念ずれば、疾《と》く無《む》辺《へん》の方に走らん。

という偈《げ》文《もん》があることによってわかるように、観音信仰によって悪獣の害から逃れることができるとされるのである。

インドから中国に帰国した曇無竭は、後にこの『観世音菩薩授記経』を翻訳し、観音信仰を中国へ広めたのである。

求那跋陀羅《ぐなばつだら》の水難

観音の霊験を体験した僧の話をもう一つ見てみよう。

求那跋陀羅《ぐなばつだら》（三九四―四六八）は、中天竺の人で、漢語では功徳賢《くどくけん》という。大乗の学を修めたために摩訶衍《まかえん》（マハーヤーナ、大乗のこと）と称された。大乗仏教の経典である『大品《だいぼん》般若経《はんにゃきょう》』（『摩訶般若波羅蜜経《まかはんにゃはらみつきょう》』）や『華厳経』に通じた求那跋陀羅の名声は師子国まで伝わっていた。

あるとき東方に旅する機会が生じ、求那跋陀羅は船に乗って大洋に出た。途中、風がなくなり、船に積んだ飲み水も乏しくなり、乗客たちは不安に襲われた。求那跋陀羅は、「心を同じくし、力を併せて十方の仏を念じ観世音を称えるべし。何んに往きてか感ぜざらん」と言って、皆を励ましながら密かに呪経を誦《ず》し丁重に礼懺《らいさん》した。すると、にわかに大風が起こり密雲をもたらし、雨を降らせたのである。船の人々はこの雨によって水を貯えることができ、救われたのであった。

このとき、求那跋陀羅が誦した呪経とは、おそらく『請観世音菩薩消伏毒害陀羅尼呪経《しょうかんぜおんぼさつしょうぶくどくがいだらにじゅきょう》』であったと思われる。そしてこのお経によって修した修法は後に天台宗の大成者、天台大師智顗《ちぎ》が修した『請観世音懺法《せんぽう》』のようなものであったにちがいない。

「十方の仏を念じ観世音を称えるべし」とあることから察するに、まず五体投地して、天台大師の懺法にあるようにこのような経文を唱えさせたのかもしれない。

一心頂礼《いっしんちょうらい》十方《じっぽう》一切《いっさい》諸仏《しょぶつ》世尊《せそん》
一心頂礼《いっしんちょうらい》　消伏《しょうぶく》毒害《どくがい》陀羅尼《だらに》破《は》悪業障《あくごっしょう》陀羅尼《だらに》六字《ろくじ》章句《しょうく》陀羅尼《だらに》
一心頂礼《いっしんちょうらい》十方《じっぽう》一切《いっさい》尊法《そんぽう》
一心頂礼《いっしんちょうらい》観世音《かんぜおん》菩薩《ぼさつ》摩訶薩《まかさつ》

すなわち、十方仏とともに観世音の御名を唱えたのである。言いかえれば、観世音を仲介として十方の仏に祈りを捧げたのであった。このことから、観世音は仏と人との仲介者として称えられていることがわかる。当時、十方の仏と観世音菩薩が配合された造像が造られていたことがそれを証するものである。たとえば隋の王劭《おうしょう》の「舎利《しゃり》感応記」（『広弘明集』巻十七）によると、岐州《きしゅう》の大宝昌寺の仏殿の戸外に、十仏の像と観世音菩薩が祀られていたという。

また求那跋陀羅が祈ったときには船中の人々がみな「心を同じくし力を併せて」仏を念じたり、観音の御名を称えたとあるが、このことから全員が観音を信じていたと思われる。前の法顕のとき、船中の一部の人だけが観音を信じていたのに比べて、観音信仰にかなりの変化があり、すでに船乗りたちや乗客たちの多くが海の守護神として観音を信仰していたことがわかる。

首をすげ替える

中国に来た求那跋陀羅は南朝の都、建康に着いた。劉宋の太祖をはじめとして諸王が求那跋陀羅に師事した。諸王の一人、南譙《なんしょう》王義宣が荊州《けいしゅう》刺史となって江陵に赴任したときには、彼もまた請われて随行し、江陵の辛寺に住し、『無量寿経』などの経典を訳した。さらには南譙王の要請によって『華厳経』の講義をすることになった。

しかしながら求那跋陀羅はまだ十分に漢語を理解していなかったので、そのことを深く嘆いて朝夕観音を招請して、礼懺し霊験を求めた。

ある夜のことであった。夢に、白い服を着て剣を持ち、人の首を高く捧げた神人が現われ、「何を心配しているのか」と尋ねた。そこで求那跋陀羅が、観音にお願いしている内容を話すと、神人は「多く悩む必要はない」と言うや、剣をふるって求那跋陀羅の首を斬り落とし、そのあとに捧げ持ってきた首をはめこみ、その首を廻して痛くはないかと尋ねた。

求那跋陀羅は自分の首を廻してみたがまったく痛みはなかった。すると豁然《かつぜん》として目が覚め、心は喜びにあふれた。朝起きると中国の言葉がすらすらと話せるようになっていたという。求那跋陀羅は、漢語を自由に話せないことを気に病んでいたので、このような夢を見たのであろう。

この霊験物語の中で重要なのは、まず第一に、朝夕礼懺して観音に願ったということである。このことは求那跋陀羅が深く観音を信じて『請観音経』の呪法を行っていたことを示すものである。後に天台大師が修した「請観世音懺法」の原型がすでに求那跋陀羅の時代に行われていたことを示している。

つぎに、頭を取り換えたということは、生まれ変わったということを意味している。観音の力によって漢語が不自由な求那跋陀羅は首をすげ替えられ、漢語に習熟した求那跋陀羅に生まれ変わったのである。このような不思議を行った白衣の神人こそ、実は観音の化身であったといえよう。

夢の中の観音

この求那跋陀羅の夢に現われた不思議な姿の観音についての記述は、北宋の李薦《りせん》の『画論』の中にもみられる。この中では、被髪《ひはつ》観音として述べられている。

その描写によると、その観音は、「水中の石の上にいて、髪をばらばらにし、剣を持って坐っていた」という。髪をばらばらにしている観音のイメージは、求那跋陀羅のところへ現われた剣を持ち首をひっさげた神人のイメージとあうような気がする。この被髪観音は『観音経』に説かれる三十三身の中にはみられないものである。

南譙王義宣に迎えられて、荊州に住んだ求那跋陀羅は、南譙王が謀反の兵を挙げたとき、諫《いさ》めたが聞きいれられなかった。南譙王は水軍の戦いに敗れ、求那跋陀羅も船を焼く猛火に迫られた。求那跋陀羅は一心に観音を念じ、手に竹杖を持って江中に身を投げた。そこは長江の真ん中で岸からは遠く、とうてい岸に泳ぎ着くことのできない距離であった。

しかし、不思議なことに水は膝より上に越すことはなかった。求那跋陀羅が手に持った竹杖で、夢中で流れをかき分けていると、一人の童子が近づいてきて彼の手を引き、流れを進んで行った。求那跋陀羅は「汝、小児、何ぞ能《よ》く我を渡さん」と言うや、十歩余り歩くと岸に着くことができた。

彼は自分の衣服を脱いで童子に与えようとしたが、童子の姿はもうどこにもなかった。まさしく不思議な力によって求那跋陀羅は救われたのである。この童子もまた彼が信仰していた観音の化身であったのかもしれない。

玄奘三蔵《げんじょうさんぞう》

『西遊記』のモデルとして有名な玄奘三蔵《げんじょうさんぞう》（六〇二―六六四）もまた、長いあいだインドを巡歴し、多くの経典を中国にもたらした求法僧である。彼もまた、困難な旅の中で、観音に命を救《たす》けられたとされる名僧の一人である。

玄奘の偉大さは翻訳した経典の量にある。彼が帰国してから十九年間に翻訳した経典の総量は、竺法護《じくほうご》、鳩摩羅什《くまらじゅう》、真諦《しんたい》、義浄《ぎじょう》、不空《ふくう》などの五人の訳経三蔵たちが訳した経典の総量が、四百九十九部、千二百二十二巻であったのに対して、彼はただ一人で七十六部、千三百四十七巻を訳したのである。巻数からいえば、五人の訳経僧の総量よりも百二十五巻多い。費やした訳経日数から逆算すると、平均五日間に一巻の梵本を訳したことになり、この翻訳量は世界の翻訳史上に例をみない。

玄奘は、中国の洛陽近くの緱氏《こうし》県の名家陳氏の末子として生まれた。幼くして父より古典を学んだが、十歳のとき父をうしない、出家していた兄の長 捷《ちょうしょう》のいる洛陽の浄土寺に行き、兄について経典を誦習した。十三歳のとき、その英才が認められ勅撰で出家した。浄土寺で景《けい》法師より『涅槃経《ねはんぎょう》』を、厳《ごん》法師より『摂 大乗論《しょうだいじょうろん》』を学んだが、玄奘は一聞して了解し、再覧してその全部を記憶したといわれる。六一五年、兄と共に成都に赴き各地に高僧を訪ねて学を深めた。

六二三年、再び長安に戻った玄奘は、大覚寺に住して『倶舎論《くしゃろん》』などを学びその英才を「仏門千里の駒」と称讃された。やがて玄奘は自ら講義もし、その講席には多くの人が集まったといわれるが、このころから仏典の教義上に疑問を持つようになった。それは、諸師から受けた教義の解釈がまちまちであり、経典によって正そうとしても不明確であったからである。

そこで玄奘はついに、原典によって問題の根本解決を果たそうと志し、インドに求法の旅をして、完全な梵本を中国に持ち帰ろうと決意したのだった。

沙漠の守り神

玄奘は、六二七年（貞観元年、一説には貞観二年）秋八月、国禁を犯し、単身ひそかに長安を脱出した。玄奘のたどったルートを簡単に述べてみよう。玄奘は、まず、長安を出発して蘭州《らんしゅう》を通り、シルクロードの西域北道の天山南路のオアシスの高昌国《こうしょう》（トルファン）、亀茲国《きじ》（クチャ）を通って、このあたりから天山山脈を北に越え西トルキスタンを経て、バーミヤンから西北インドのガンダーラ、カシュミールなどを通り、中インドに入った。さらに南インドに向かい、ふたたび中インドに戻り、帰国の道はパミール高原を越えて西域南道、于闐《うてん》を通り、都の長安に帰っている。

弟子の慧立《えりゅう》の『大唐西域記』の序文によると、「春秋寒暑一十七年、耳目の見聞すること百三十国」と書かれているので、玄奘の旅行は前後十七年間におよび、訪問した国が百三十国であったことがわかる。その行路を地図で見ると、西域、中央アジア、インド全域に足跡を印していることに驚嘆する。

国禁を犯して出国した玄奘は、昼は潜伏し夜行して蘭州から高昌国に向かったが、玉門関を出ると、あたり一面の流沙の世界に入った。玄奘はそのときの状況をつぎのように記している。

是《こ》の時、四顧《しこ》するに茫然として人鳥倶《とも》に絶えたり。……夜は則《すなわ》ち妖魑《ようち》火を挙《あ》げて爛《らん》として繁星《はんせい》の若《ごと》く、昼は則ち驚風《きょうふう》沙《すな》を擁《よう》して散ずること時雨《しぐれ》の如し。是のごときことに遇《あ》うと雖《いえど》も心懼《おそ》るる所なし。但《ただ》、水の尽き渇《かわ》きて前《すす》む能《あた》わざるに苦しむのみ（『大唐大慈恩寺三蔵法師伝』巻一）。

砂の深い沙漠の中を、玄奘は胡族の老人から譲り受けた赤馬を頼りに進んで行ったのであるが、四夜五日の間、一滴の喉をうるおす水もなく、力も尽き果ててついに砂中に倒れてしまったのである。このとき、玄奘は「観世音菩薩よ、玄奘のこの行いは財利を求めず、名誉をねがうものでもない。ただ正法を求めるためにここまできたのです。衆生の苦を救ってくださる観音菩薩よ、今の玄奘のこの苦しみをどうぞお救いください」と念じたという。するとこの五日目の夜、にわかに涼風が吹いて、玄奘も馬も生気をとり戻した。しかし、なおも起てずにそのまま砂の中に臥していると、この夜、霊夢があり、「何ぞ強行せずに、更《さら》に臥しているのか」と告げられたという。力を振りしぼって進むと、不思議なことに、馬に導かれて緑草のある泉に行き着き、水を飲むことができ、元気をとり戻したという。

こうして死地を脱し、ようやく流沙を出てオアシスの井戸まで行き、一寺にたどり着いたとき、一人の漢人の老僧がはだしで走り出てきた。老僧は、玄奘の手をとり、このような辺境の地で生きて同じ国の僧に会うことができたといって涙を流したという。観音が玄奘の沙漠の中の苦しみを救い、水のあるオアシスへと導き、その命を救ったとされるのである。

朗々とした声を得る

中国の僧や民衆からしだいにその存在を知られるようになった観音は、人々の苦しみや、危難に遭遇した人々を救うようになった。その中には僧侶もいたし、在家の信者もいた。『観音経』が説く観音の霊験が、それらの人々に働いたのである。世間の人々の苦しみを救う観音の力なので人々は観音を救苦観音と呼んだのであった。観音信仰の広まりにつれ、多くの霊験が語られ、一般の人々にも流布されていった。以下さらにそのいくつかの逸話を挙げてみよう。

後漢の永平十年（六七）から梁の天監十八年（五一九）までの四百五十三年間における五百人の高僧の伝記を書いた本に『高僧伝』（梁の慧皎《えこう》の書）がある。その中には、僧侶の観音霊験の記事が多く書かれている。

たとえば『高僧伝』巻十三には、帛法橋《はくほうきょう》の観音霊験談がのっている。

帛法橋は中山《ちゅうざん》（河北省）の出身で、若いときからお経を読誦するのを楽しみにしていたが、声量が乏しいのを歎き、何とか流暢に朗々とお経が読めないものかと心を砕いていた。そこであるとき、七日七夜にわたって絶食し、罪を懺悔《ざんげ》して観音に祈りを捧げたところ、満願の日になって突然、喉の中が広々としたように感ぜられ、水を求めてうがいをした。

そうしてお経を読むと、声量の乏しかった前とちがって、その声は遠く一里先の人たちにも聞こえるようになったという。人々は驚嘆しながら帛法橋の美声に聞き入ったといわれる。彼はそれ以後、お経を読誦すること数十万言、昼夜にわたって読誦するその声は神秘的でさえあったという。

人々に説教することを務めとしている大乗仏教の僧侶は、言語や音声がはっきりしてなければならない。帛法橋は観音に祈願をすることによって、その願いがかなえられ、立派な朗々とした声が出るようになったとされるのである。

このような記事は後世にもその例がある。禅とともに念仏を修した禅浄一致の提唱者である北宋の永明延寿《ようみようえんじゆ》（九〇四―九七五）は、夢に観音が現われ、大師の口の中に甘露を注いだという。そのため大師は自由自在な説法ができるようになったといわれる。

腸を洗う

夢の中に観音が現われて僧の腸を洗ったという話もある。これは、『高僧伝』巻四の竺法義（三〇七―三八〇）という僧の事蹟の中に出てくる話である。

竺法義はあるとき病にかかり、日一日と病は重くなるばかりであった。自分の力ではどうすることもできず、ひたすら観音に加護を祈った。

祈願をこめること数日、白昼、寝ていると一人の道人が夢枕に立った。その道人は竺法義に病の様子を尋ねた。竺法義が病の苦しみを語ると、道人はこれは治せると言い、竺法義の胃腸を取り出して洗い出した。

するとその中にたまっていた不浄物は、不思議なことにすべてきれいに洗い流されていった。洗浄が終わるとこれをもとにおさめ、竺法義に向かって、「お前さんの病はすでに治った」と告げた。

竺法義が夢から覚めると、病の苦しみはまったくなくなっており、もとのような健康な生活にかえることができたという。南朝の東晋簡文《かんぶん》帝の咸安二年（三七二）のことであった。

これは腸内に腐敗物がたまり、外に出ないので苦しんでいたのを、夢の中で道人が現われ、洗浄してくれたという話である。先の求那跋陀羅の場合には頭を取り換えたのであったが、この竺法義の例では胃腸を洗浄してもとのところへおさめたのである。

胃腸を取り出して洗浄するということは、西域の幻術の中にもある。竺法義も西域から中国へ来た僧であったため、このような幻術を見聞きしていたと思われ、そのため腸を取り出して洗うという夢を見たのであろう。夢の中の道人はまさしく観音の化身だったのである。『観音経』の中には「以《もっ》て生老病死の苦しみを悉《ことごと》く滅せしむ」とあり、病の苦しみも観音を祈念することによって除かれるという教えにもとづいて、観音の化身である道人が竺法義の病を治したのである。

つぎにやはり東晋の元興（四〇二―四〇四）中に顕義寺に住んでいた法純という僧の話を見てみよう。

法純は、寺を造るために船で木材を買いに行き帰る途中、湖上で大風に遭った。ただ一心に観音の御名を称えていると、にわかに大船が流れてきたので、それに乗り移って難を逃れ岸にたどり着くことができたという（『高僧伝』巻十二）。

この話も『観音経』の「若《も》し大水《だいすい》の為に漂《ただよ》わされんに、其の名号《みょうごう》を称《とな》えれば、即《すなわ》ち浅き処を得ん」という経文にもとづいて作られた話である。

これと同じ話が『法苑珠林《ほうおんじゅりん》』（唐の道世が撰した一種の仏教百科事典）の中では、さらに増幅されて面白くなっている。ここでは、寺を造るための木材の施主が一人の婦人であり、法純はこの婦人を伴って木材を買いにゆき、帰りに日暮れに湖を渡る途中、この難に遭ったことになっている。

『法苑珠林』が書かれた唐の初期（唐高宗の総章元年、六六八年）には、すでに婦女の観音信者が多かったので、婦人を喜ばすためにこの施主の婦人の話が付け加えられたのであろうと思われる。

人の苦しみを救う

他にも、病や不幸からくる人間の苦しみを救うのに観音の力が大きいことを示した話は多い。たとえば、つぎのようなものがある。

都の瓦官《がかん》寺の僧洪《そうこう》が有志を集めて丈六《じょうろく》（一丈六尺、四・八五メートル）の金像を造ったときの話である。鋳造を終え、まだ型から出さないうちに僧洪は義熙《ぎき》十二年（四一六）の銅の禁令に遭って投獄された。

獄中で僧洪がただ一心に観音を念誦していると、ある夜、夢に鋳造した金像が現われ、僧洪の頭を手で摩《さす》り、「心配することはない」と慰めた。よく見ると、金像の観音の胸には一尺四方ばかり銅の焼けただれたところがあった。

やがて殺される日になり、牛車に乗せられて刑場へ連れて行かれようとしたとき、急に牛が暴れて車が壊れ、刑の執行は延期された。そのうち恩赦の勅命が届いて僧洪は出獄することができた。寺に帰った僧洪が金像を鋳型から出してみると、果たしてその胸に夢で見たのと同じ焼けただれた所が一尺ばかりあったという（『高僧伝』巻十三）。

子授けの神

「子どもを得たい」というのは、古来多くの人々の切実な願いである。観音の霊験の説話の中には、このような人々の思いを映したものも少なくない。

五世紀の終わり頃、梁の王琰《おうえん》が著わした仏教説話集の『冥祥記《めいしょうき》』には、観音菩薩の霊験譚などが史実として収録されており、これらの説話によって当時の仏教信仰の実情を知ることができる。その中の一つにつぎのような話がある。

益州の孫道徳は道教を信奉していたが、齢《よわい》五十を過ぎてもまだ子宝に恵まれなかった。近くの寺の僧が、どうしても子が欲しいならば、一心に『観音経』を読誦すれば子が得られようと教えた。

そこで彼は信奉していた道教を捨てて、心から観音に帰依し『観音経』を読誦したところ、二、三日にして夢に応験《おうげん》があり、その妻が子をみごもり男子を産んだという。この話は、『観音経』による以下の経文によって作られた説話である。

> 若《も》し女人有りて、設《も》し男を求めんと欲して、観世音菩薩を礼拝供養せば、便《すなわ》ち福徳智慧《ふくとくちえ》の男を生まん。設し女を求めんと欲せば、便ち端正有相《たんしょううそう》の女を生まん。宿《むかし》に徳本を植えたるをもつて衆人《しゅうにん》に愛敬《あいきょう》せらるる。

子授かりの例としては、つぎのような説話もある。済陰《さいいん》の居士卞悦之《べんえつし》は、五十になってもまだ子がなかったので、その妻は自ら進言して夫に若い女性をあてがった。しかし、何年たってもその女性もやはりみごもらなかった。

そこで『観音経』を千遍読誦するという願を立てて実行したところ、千遍にならぬうちに女性に妊娠の徴《きざ》しがあり、やがて男の子を産んだ。元嘉十四年（四三七）のことであったという（『冥祥記』）。

一方、やはり当時の観音霊験譚の大多数を占めるのは、獄に繋がれたり、怨賊《おんぞく》におそわれたり、あるいは捕虜となって命が危いところを観音の霊験で救われたという話である。

たとえば、蘇州《そしゅう》の潘《はん》道秀は二十歳代の時兵士となって北征していたが、敗軍の際に逃げ損じて捕虜となり、故国へ帰りたくても帰ることもできなくなった。しかし、幼いときから仏法を信じていたので、一心に観音を念じ、夜毎の夢に必ずその姿を拝していた。

あるとき、機会を捉えて逃げだし、ひたすら南に向かって走ったが、山中に迷い込み、すっかり途方にくれてしまった。

するとそのとき、目の前に観音が在すのを見た。その姿を礼拝しながら歩いてゆくと、いつしか本道を進んでいて、ついに故郷に帰ることができたという(同)。

観音像の刀傷

また東魏《とうぎ》の孫敬徳《そんけいとく》は、定州の募士となったが、つねづね仏教を信じ、観音像を造り日夜これを礼拝していた。後に盗賊事件に関わり捕らえられて獄につながれたが、拷問の責苦に堪えかねて無実の罪に服し、極刑に処せられることになった。

明日は処刑されるという晩、孫敬徳は、いま無実の罪で刑罰を受けるのは、自分の過去の行いの報いであろう。その罪を償い、一切衆生のあらゆる禍いを自分が代わって受けたい、と言い終わって眠りについた。

すると夢の中に一人の沙門が現われ、救世観世音の名を唱えるように教え、千遍その御名を唱えれば刑を免れることができようと言った。孫敬徳は目覚めて夜明けまでに百遍唱え、役人に引きたてられ刑場に向かい、刑台に立つまでに千遍を唱え終えた。

すると、どうしたことか、首切り役の振り上げた刀が三段に砕け散り、敬徳の皮肉すらこれを斬ることができなかった。首切り役は三度《みたび》刀を換えたが三度ともやはり同じように折れてしまった。

あまりの不思議さに役人は丞相の高歓《こうかん》に上奏すると、高歓も天子に上奏して特赦を請うたので、孫敬徳は許されて刑を免れたのであった。家に帰った孫敬徳が以前造った観音像を見ると、その項《うなじ》に三筋の刀傷があったという。

この不思議な観音の霊験のため、勅命が下され、孫敬徳が誦したその観音のお経を写して世に流布させた。そのお経を『高王観世音経』と称した。

この説話の中で、刀が三段に折れたというのは『観音経』のつぎの経文に拠っている。

> 若《も》し復《ま》た人あり、当《まさ》に害せらるべきに臨《のぞ》んで、観世音菩薩の名《みな》を称せば、彼《か》の執《と》る所の刀杖《とうじよう》、尋《つ》いで段々《だんだん》に壊《お》れて、解脱《げだつ》することを得ん。

その刀を観音像が代わって受けたというのは、いわゆる「大悲代受苦」の観音の悲願をあらわしたものである。平安後期に成立した日本最大の説話集である『今昔物語』巻六の観音説話のうちにも、この話が翻案されている。

また「救世観世音」を千遍唱えさせたというが、ここに「救世」という名が用いられたのは興味深い。これは『観音経』の偈文《げもん》の「観音妙智力。能救世間苦」の救世の二字によったものなのである。奈良法隆寺東院夢殿の観音を救世観音というのも、その名を伝えたものなのである。

これらの話は当時の観音信仰の一端をよくあらわしたものであり、六世紀前半にあたる梁の時代に救世観音の信仰が広まっていたことがわかる。この梁の仏教の影響を強く受けたのが、朝鮮の古代国の一つである百済《くだら》である。百済に救世観音が存在していたという記録はないが、おそらく百済から日本への渡来人によって、救世観音の信仰が日本に伝えられたのであろう。それが、太子信仰と深く結びついたのであろうと思われる。

天台大師の観音信仰

天台宗を開いた天台大師（五三八—五九七）も観音信仰と密接な関係がある。

まず第一に、天台大師は『法華経』の普門品を講義して、とくにこの経の玄義《げんぎ》（要義）すなわち『観音玄義《かんのんげんぎ》』二巻を遺している。

この『観音玄義』とは観世音菩薩普門品を解釈した観音経の概論ともいうべきものである。天台大師は、観世音の大悲が、衆生の苦を代わって受けてくれるということを説き、観音信仰についての教義と思想体系の根本を述べている。また大師は『観音義疏《かんのんぎしょ》』二巻を著わし、『観音経』の経文の一々を解釈し説明している。この『観音玄義』と『観音義疏』の二つは、現存する普門品解説書の最古のものであり、古来、普門品解釈の指針となっている。天台大師はさらに『請観音経疏《しょうかんのんきょうしょ》』で『請観音経』による請観世音懺法《しょうかんぜおんせんぽう》を修したといわれているが、そのやり方を簡単に述べてみよう。

経に云はく、三七日、七七日、悉《ことごと》く応《まさ》に六斉すべし、建首に当《まさ》に道場を厳飾すべし、香泥を地に塗り、諸《もろもろ》の幡蓋《ばんがい》を懸《か》け、仏像を安んず、南向に観世音の像あり、別に東向に日別に楊枝浄水《ようじじょうすい》あり、焼香散華す、行者十人、已還《このかた》、当に西向に地に席すべし（『国清百録』巻一）。

南向きに観音像を安置するのは、観音の住処が南方光明山であるからである。日毎に楊枝《ようじ》浄水《じょうすい》を供えるのでこの作法を「楊枝浄水法《ようじじょうすいほう》」と名づけている。後に楊柳《ようりゅう》観音ができたのは、これに基づくといわれる。楊枝や柳枝は古くから魔を払い生産豊穣の霊験あらたかなものとして祀られたので、救苦観音の祭壇にもまたこれを供えるわけである。

この楊枝浄水を供えてから、西方に向かって、五体投地し、一心頂礼本師釈迦牟尼世尊以下諸仏の名を唱え、さらに「一心頂礼観世音菩薩摩訶薩、一心頂礼大勢至菩薩摩訶薩」と唱える。次に三度《みたび》三宝の名と観世音の名とを唱え、つぎに合掌して偈文を説き、三つの呪文を唱え終わって懺悔《さんげ》発願《ほつがん》し、楊枝浄水の壇の周囲を廻るのである。最後に『請観音経』を唱えてこの作法は終わる。

天台大師はこのように、つねに観音を招請して礼懺を怠らなかっただけでなく、先に述べたように『請観音経疏』一巻、『観音玄義』二巻および『観音義疏』二巻などの書物を著わし観音信仰を鼓吹した。そのため、隋の文帝の開皇十七年（五九七）十一月二十四日、その臨終のとき観音が来迎したといわれる。

天台大師が天台山を出て浙江省剡山《せっこうしょうえんざん》の石城寺《せきじょう》に来たとき、にわかに病にかかり右脇を下にしてくずれるように臥した。

やがて天上より音楽が響き渡った。大師は上半身を起こして坐り、合掌して顔面に喜色をたたえて侍者を顧みて、「観音来迎し給う、久しからずして応《まさ》に去《ゆ》くべし」と言った。そうして僧衣を持ってこさせ、それを自ら着て静かに身を起こし、西方に向かって端坐して往生したという。

観音像の成立

すでに二世紀前後よりあったといわれるインドの観音信仰は、インドや中央アジアから中国へきた訳経僧たちによって観音が説かれた梵本が漢訳されるに伴い、西域から中原の地へと伝えられていった。『法華経』の中の「普門品」で観世音菩薩が現世の苦悩や厄害を救ってくれる霊験が説かれると、観音を信仰すれば病気が治るなどの功徳があることがわかり、次第に一般の民衆の中にも観音信仰者が現われるようになった。

それと同時に信仰者たちの観音に対する祈りや願いの内容は無限に広がっていき、その内容は具体的なものになっていった。ある者は病気を治すことを願い、ある者は金銭や地位を得ること、ある者はよい子どもを授かること、またある者は災厄から免れることを願った。そして、これらのさまざまな願いをかなえてくれる霊験あらたかな観音像を、工人は造るようになった。観音像は民衆のさまざまな願いに応じられる力を持ったいろいろな形で造られるようになっていき、そのバリエーションはしだいに増えていったのである。

このように観音信仰の広がりと、その祈願の内容の分化にしたがって、さまざまな形像が造られるに至ったのだが、それは決して工人の想像によって造られたものではなかった。変化観音が造られた背景の一面をみてみよう。

もともと初期の観音に関する経典には、観音の功徳が説かれていても、その姿について説いたものはほとんどなかった。初めて観音の具体的な姿を説いたのは『観無量寿経』であった。

初期に造られた頭に宝冠を戴き、宝冠に弥勒《みろく》仏の化仏をつけた聖《しょう》観音像は『観無量寿経』

によるという。その後六世紀に『陀羅尼雑集《だらにぞうしゅう》』十二巻が訳された。この中には、観音に関する陀羅尼《だらに》（呪文）三十八首が収められており、それぞれ呪文の対象となる本尊の観音の変わった姿が説かれた。たとえば「観世音焼華応現得陀羅尼」という項の中には、「白衣《びゃくえ》を着た観音像を造り、その前で護摩を修せよ」とある。

同じく『請観世音菩薩消伏毒害陀羅尼呪経』には楊枝浄水を持った観音のことが説かれている。これらは白衣《びゃくえ》観音や楊柳観音である。

六世紀ごろ中国で出現した十一の頭を持った十一面観音像については、『仏説十一面観世音神呪経』や『千眼千臂観世音陀羅尼神呪経』などにその形象は基づくといわれ、従来の一頭の観音の誓願に比べて、十一の頭を持つ観音はその誓願も十一倍の力で衆生の願いを成就させると説かれた。

さらにそれ以上の強大な力で衆生を救うとして造られたのが「不空羂索観音《ふくうけんじゃくかんのん》」である。羂索（縄）をもって余すことなく衆生を救いあげるとされた。その造型は『不空羂索神変真言経』という三十巻もある経典によるといわれている。

馬頭《ばとう》観音は、七、八世紀の出現で、造型は『陀羅尼雑集』によるといわれる。

准胝《じゅんでい》観音に関する経典は、七世紀の終わりに漢訳されたというが、関連経典の『大乗荘厳宝王経』の訳出は、西暦一〇〇〇年前後という。

観音信仰がさかんになると、中国人の手によって観音に関する偽経が多くつくられるようになり、さらに密教が伝来すると観音は密教像の中に取り入れられ、さまざまな呪法の対象としての変化身が出現したのである。

工人たちは、こうした個々の変化観音像に関する経典に詳しく説かれた姿や力の内容を偉容として、造像したものと思われる。

観音の変化相

このように、観音信仰の展開とともに、さまざまな観音像が生まれていった。観音像の最初は『法華経』「普門品」に説かれた教えに基づいて造像されたが、やがて観音のより偉大な功徳力をあらわすためにさまざまな観音像が造られるようになった。

その結果、十一面観音、不空羂索《ふくうけんじゃく》観音、千手観音、馬頭《ばとう》観音、二臂如意輪《にひにょいりん》観音などに対する信仰が盛んに行われるようになった。

二臂如意輪観音像を除けば、これらの観音は、すべて二本以上の手を持っていたり、多くの顔が並んでいる頭などがあるものである。このような変化は、菩薩としての普通の姿をあらわした聖観音像よりも、はるかに強大な力をもった観音としての性格をその姿の中にあらわすようになったためだといわれる。以下、これらのさまざまな観音の変化相《へんげ》について述べてみよう。

聖《しょう》観音

観音像はもともとインドのヒンドゥー教の女神が源流といわれるが、聖《しょう》観音は、観世音菩薩の本来の形で、千手観音や馬頭観音などの異相がないので正観音とも称されている。円通《えんつう》大士ともいわれる。この聖観音は『法華経』『首楞厳経《しゅりょうごん》』『無量寿経』『観無量寿経』『観世音菩薩授記経』などに説かれている観音である。

この聖観音像にも多くの種類があるが、もっともポピュラーな姿は、『観無量寿経』につぎのように説かれているものである。

すなわち身長は八十万億那由他由旬《なゆたゆじゅん》、身の色は紫金色、頭に肉髻《にっけい》があり、円い光背があって光明を放ち、毘楞伽摩尼宝《びりょうかまにほう》の天冠をかむり、その中に観音本地の阿弥陀如来の化仏をつける。

顔はといえば、閻浮檀金色《えんぶだんごんじき》で白毫相《びゃくごう》があり光を放ち、変幻自在で八十億の光明を瓔珞《ようらく》とし、手に蓮華を持ち、その御手で衆生を導き、足には千輻輪相《せんぷくりん》があり、その相は如来の相と異ならないという。

二臂で蓮華を持っている像がもっとも一般的な聖観音像であり、左手に蓮華を持ち、右手は掌を上に向け、半跏趺坐《はんかふざ》、あるいは蓮台に立っている。

また聖観音には左手に楊枝、右手に水瓶を持つなど多くの種類があり、坐像のほか、蓮華の上に立つ立像も多い。聖観音はもっとも普通の観音であり、どんな人も信仰の対象とすることができるので、多くの人々に信仰された。
舟山列島の観音霊場として有名な普陀山の普済寺《ふさいじ》には、高さ八・八メートルの聖観音が主像として祀られている。

千手観音

千手観音は、詳しくは千手千眼観音といい、六観音の一つであり、仏の慈悲の象徴としてすべての願いを満足させるものである。この千手観音の形にもいろいろあるが、普通は両手のほかに、左右各々二十本の手がある四十二臂型であり、その一つ一つの掌に一眼がある。左右四十本の一本ずつの手が二十五の世界を救うので千手千眼となりあらゆる願いを成就させ、一切衆生を彼岸に渡すはたらきをあらわしている。

衆生の願いに従ってその一手毎に持物を異にし、その願いに応じてさまざまな物を施与するのである。その持物には、摩尼《まに》宝珠、羂索《けんじゃく》、宝鉢、剣、鈷杵《こしょ》（護身用の仏具）、独鈷《とっこ》、日精、月精、宝弓、楊柳、水瓶、玉環、白・青蓮華、宝鏡、宝篋《ほうきょう》、五色雲、数珠《じゅず》、宝鈴、宮殿、経典などがあり、拳印を結んでいる。

中国の唐末から宋代に造られた四川省の大足石窟には、千七本の手を持った石刻の千手観音像がある。千百年たった現在でも、人々が香華を捧げ参拝を続けている。
四川省の人々が千手観音を信仰していたことは、重竜山石窟の第百十三龕《がん》にも千手観音が

〈上〉千手観音坐像（四川省重竜山石窟第113龕、赤津靖子氏撮影）
〈下〉十一面観音立像（国宝、法華寺蔵）

あることによって明らかである。千手観音は、インドのヒンドゥー教の最高神シヴァの妃ドゥルガーがもとになって成立したといわれる。数多い変化観音の中でも大きい力を発揮する観音像としてさかんに信仰され、宋代頃から流行したものと思われる。

日本でも千手観音の信仰は奈良時代からはじまり、平安時代以後最高の観音像としてさかんに信仰された。立像としては、唐招提寺にある奈良時代のものが有名である。

十一面観音

十一面観音は、変異《へんい》金剛、慈愍《じみん》金剛ともいわれ、六観音の一つであり、頭上に十一面の顔をもっている。十一面観音は耶舎崛多《やしゃくった》訳『仏説十一面観音神呪経』によって造像されたもので、中国では六世紀の終わり頃出現した。十一面観音は十一の誓願を持つとされ、危難に際して無畏を施し、一たび名号を称えれば、その利益は刹那《せつな》に得られるといわれる。

十一面像には、二臂像と四臂像の二種がある。十一面の左の三面は瞋怒《しんぬ》相で怒りの相を表し、正面の三面は菩薩相で穏やかな相を表し、右の三面は狗牙上出《ぐげじようしゆつ》相で、白い牙をむき出した相を表し、後ろの一面は暴悪《ぼうあく》大笑相で大笑いする相をしている。十一面のそれぞれが宝冠を頂き、各冠に阿弥陀化仏があり、左手は蓮華を挿した水瓶を持ち、右手は施無畏印を示しているといわれている。

十一面観音立像としては、平安時代前期の作といわれる法華寺のもの（国宝）や、奈良時代に製作された聖林寺のもの（国宝）などが有名である。

馬頭観音《ばとう》

馬頭《ばとう》観音は、インドのヒンドゥー教のヴィシュヌ神に起源を持つといわれ、七、八世紀に出現した観音像の一つである。密食金剛《みつじき》、迅速《じんそく》金剛ともいわれ、四面二臂、四面四臂、八臂などの姿が経典に説かれている。六観音の一つで、顔は忿怒相で、頭上に馬頭を戴き、馬が牧草を食べ尽くすように衆生の無明や煩悩を断じ、諸悪を破壊し威伏する大きなエネルギーを表すものとされている。後世民間では牛馬の病気や安全を守る教主とされた。

この観音像は、日本では奈良時代から造像されたが、現存するものは平安後期のもので、有名なものには、鎌倉時代の作である京都の浄瑠璃寺の像（重要文化財）がある。

如意輪観音《にょいりん》

如意輪《にょいりん》観音は、持宝《じほう》金剛、与願《よがん》金剛ともいわれ、観音の変化《へんげ》六観音の一つである。手に持つ如意《にょい》宝珠で衆生に財宝を与え、法輪を転じて衆生の迷いを破るとされる。一般的に一面六臂像であるが、宝珠、念珠、蓮華、輪宝を持ち、右第一手は頰にあてた思惟相、左第一手は垂下させ接地印を結ぶ。坐法は右ひざを立て両足裏を合わせる特異な輪王座をとる。二臂像、四臂像、十臂像、十二臂像などもある。密教秘法の本尊としてや、天台宗では天皇の息災を祈る法会の本尊として重用された。

平安時代前期の作といわれる醍醐寺の如意輪観音坐像（重要文化財）が有名である。

不空羂索観音《ふくうけんじゃく》

不空羂索《ふくうけんじゃく》観音は、等引《とういん》金剛といい、六観音の一つである。「不空」とは「空しくない」こと、「ご利益がある」ことの意味であり、羂索とは、鳥や獣を捕らえる縄のことで、獲物を捕らえる羂索で一切の衆生をもらさず彼岸に救いとるのでこの名がある。三面六臂、三面十臂、一面四臂像などがあるが、三面六臂の像がもっとも一般的な像である。隋の開皇七年（五八七）に闍那《じゃな》崛多《くった》によって漢訳された『不空羂索呪経』によると、その三面は、正面はなごやかなやわらいだ相《すがた》、左の面は牙を出した忿怒相、右の面は眉を顰《ひそ》めて目を怒らし口は結んでいる相である。冠には化仏がある。六臂には蓮華、羂索《けんじゃく》、三叉《みつまた》の戟《ほこ》、瓶を持ち、一手は施無畏印、一手は掌を上に挙げている。

国宝の不空羂索観音の立像は東大寺にある一面三目八臂像である。

准胝観音《じゅんでい》

准胝《じゅんでい》観音は、その独立した経典が漢訳されたのは、七世紀の終わり頃とみられる。准胝仏《ぶつ》母《も》、七倶胝仏母《しちぐていぶつも》、最勝金剛、天人丈夫《てんじんじょうぶ》観音ともいわれる。日本においては真言宗の観音部の一尊として尊崇されている。

准胝とはインドの梵語チュンディーの音写で、清浄と訳し、心の本性の清浄であることを讃歎し、十八臂をもって、十八不共法《ふぐうほう》（仏や菩薩がそなえ持っている十八のすぐれた特質で、十力、四無畏、三念住、大悲をいう）を観じて悟りに至るまでの間に起こるさまざまな障害を取り除き、衆生を救済する観音とされている。その形象は十八臂像が一般的であるが、祈願者の力によって二臂より八十四臂まで各種造ることができると説かれている。それぞれの手に霊験を現わす宝具を持つ。心の清浄を説き、現世利益を叶える観音でないため、一般にはあまり信仰されなかった。醍醐寺所蔵の図像が有名である。

馬《め》郎婦《ろうふ》観音

馬《め》郎婦《ろうふ》観音には、つぎのような面白い由来がある。馬郎婦とは、観音となった馬郎（馬氏の息子）の妻である。『釈氏稽古略《しゃくしけいこりゃく》』巻二によると、唐の元和十二年（八一七）に陝右《せんゆう》に一人の美女があった。その美貌を見染めて多くの男が妻にしたいと思った。女が、「私も嫁ぎたいと思っています。ただ一夕に能《よ》く普門品を誦せる者に嫁ぎたいものです」と言うと、黎《れい》明《めい》までに読誦した者が二十人いた。するとまた女は言った。

「女の私は一人ですのでこんなにおおぜいの男に嫁ぐことはできません。さらに『金剛経』を読誦して下さい」

〈上〉如意輪観音坐像（重要文化財、醍醐寺蔵）
〈下〉不空羂索観音立像（国宝、東大寺蔵）

『金剛経』を徹誦した者は、なお十人もいた。女はさらに、『法華経』七巻をこれらの十人の男たちに授けて、三日の約束でそれを全部読み意味を理解するようにと言った。三日たってためすと、馬氏の子ひとりだけが読むことができた。そこでただ一人残った馬氏がこの女を妻に迎えることになった。女は馬氏に頼んだ。

「たまたま身体の調子がよくありませんので、よくなってから一緒になりたいのです」

婚礼は予定通りとりおこなわれたが、その婚礼のお客がまだ帰らないうちに女は死んでしまい、その死体は壊爛《えらん》した。これを葬って数日たつと一人の老僧がやってきて、錫杖《しゃくじょう》をついて馬氏に女の居所を問うた。そこで馬氏はこの僧を墓所に連れていった。

僧が錫杖で墓を掘ると屍《しかばね》はすでになくなり、ただ黄金の鎖骨《さこつ》だけがあった。老僧はその骨を皆に見せ、「この方は聖者である。哀れんで方便（手段）を設け、お前さんたちを教化したのである」と言った。老僧はその後、空を飛んで去って行ったという。

この縁によって、馬郎婦観音の像は、右手に『法華経』を持ち、左手に骨を持った女性の形像となったといわれている。

相手に応じて応現する

その他の観音の変化相を見ていこう。

多羅《たら》観音は、多羅門観音ともいい、また悲生金剛ともいう。密教の蓮華部の部主の観音である。観音には定《じょう》（禅定）と慧《え》（知恵）の二徳があり、多羅は定徳を、毘倶胝《びぐてい》はその慧徳《えとく》を主《つかさど》るといわれる。多羅観音は、観音の眼から生じるので、眼観音といわれている。人の愛情の表現は眼にあるので、愛の表現として眼というのである。その形象は女人の如くで、合掌して青蓮を持ち、微笑して白衣を着けている。多羅とは眼の意味で、青蓮華は清浄無垢を表し、慈眼を以て衆生を救う菩薩である。

毘倶胝《びぐてい》観音は、密教の胎蔵界観音院三十七尊中の一尊で、八大観音の一つである。四本の手をもち、右側の一手は数珠鬘《まん》を垂れ、一手には施願印を結び、左側の一手には蓮華、一手には軍持《ぐんじ》（水瓶、宝瓶のこと）を持ち、三つの目があり、赤蓮華の上に安坐している。

青頸観音《しょうきょう》は、観音が変現した明王である。この菩薩を念ずれば、一切の怖畏《ふい》、厄難から離れることができるという。形像は『青頸観自在菩薩心陀羅尼経《しょうきょうかんじざいぼさつしんだらにきょう》』によると、正面は慈悲の相、右側は師子面、左側は猪の面で、頭に宝冠を頂き、冠の中に無量寿仏の化仏がある。手は四臂で、右の第一臂は杖を持ち、第二臂は蓮華を、左の第一臂は輪を握り、左の第二臂は螺《ら》を持ち、虎の皮の裙《くん》（スカート）をはき、黒虎の皮を左膊《さはく》にからみつけ、黒蛇を頭にかぶり、八葉蓮華の上に立っている。二臂像の造像もある。

阿麼提《あまだい》観音は、無畏観自在菩薩、阿麼齢《あまらい》観自在菩薩ともいう。像は三目四臂で、白の師子座の上に坐し、手に風頭の箜篌《くご》（古代から中世にかけて東洋諸国にあったハープ系の楽器）を持っている。

大白衣観音《だいびゃくえ》は、大白衣、大悲観音、白虎観音ともいう。この観音は白衣を着け、白蓮の中にあるので白衣観音の名がある。息災除病や求児、安産などの信仰がある。三十三観音の一つで、密教では胎蔵界観音院の一尊である。形像は二臂像であるが、印契《いんげい》は多種多様である。普通右手は与願印、左手に蓮華の花を持つ。においてはもっとも早く出現した変化観音であり、現在も、小型のものが、庶民の念持仏としてはもっとも多く造られている。

大勢至観音は、持輪金剛《じりん》といい、大智を一切の処にあまねく行きわたらせるはたらきがある。胎蔵界真言院の一尊である。尊像は『無量寿経』『観世音菩薩授記経』『大日経』によれば、楼閣中の蓮華台の円輪の中に蓮華の蕾があり、その蕾が変じて大勢至菩薩となり、肉色で左手に蓮華、右手は胸にあてて、地水火の三指を曲げて赤蓮華上に坐している。その周囲に眷族《けんぞく》が囲繞していると述べられている。

香王《こうおう》観音は、十五観音の中の一尊である。

水月《すいげつ》観音は、潤生金剛ともいい、月下の水上に浮かぶ一葉の蓮華の上に立ち、一心に水を観想して、智恵を得る観音である。身は白黄色で、左手には蓮華の蕾を持ち、右手は施無畏印を結んでいる。一面二臂、三面六臂像など数種ある。三十三観音の一つである。中国で宋代以後もっとも流行した観音で、宋代の水月観音像図の名品が数多く保存されている。また、現在でも絵画に描かれている。

楊柳観音は三十三観音の一つであり、楊柳をもって三昧耶形《さんまや》（密教において仏、菩薩がその本誓〔三昧耶〕を表示する所持物と印相をいう）とする観音である。楊柳は柔順さを表すものである。水辺の岩の上に安坐する姿で表現されることが多い。

円光《えんこう》観音は、三十三観音の一つで、光背に火炎を負った尊像で、刑戮《けいりく》に遭ったとき念ずる観音である。王難や刑に臨んだときに念ずればその刀は寸断すると『観音経』にある。

普悲《ふひ》観音は、その慈悲があまねく三千世界に及ぶという尊像で、両手は衣に覆われて前に垂れ、丘の上に立っている形像である。

一如《いちによ》観音の名の一とは不二、如とは不異のことで、不二不異を名づけて一如という。すなわち真如の道理を表し、事事無礙《じじむげ》法界（華厳宗で説く融通無礙な悟りの世界）に遍満する意味を表しており、尊像は自由に天空を飛行する形で、不二観音もまた同様な尊形である。

持経《じきよう》観音は三十三観音の一つで、童男童女の身体を表すもので、片手に蓮華を持つ。持経観音は常に経を持して読誦するので、無限の功徳が得られるという。片手に経を持っている尊像である。

徳王《とくおう》観音は、三十三観音の一尊で、岩上に趺坐《ふざ》して、左手を膝に置き、右手に緑葉を持つ像である。

一葉《いちよう》観音は、三十三観音の一尊で、一葉の蓮華に坐って、水中に浮かんでいることから名を得たのである。

威徳《いとく》観音は、名のように畏るべき威と、愛すべき徳とを兼ね備えた像で、折伏《しゃくぶく》の威を表すために抜叉羅《ばさら》（金剛杵）を持ち、摂受の徳を表して蓮華を持っている尊像である。

延命観音は、その名のように延寿をもって衆生を救済する観音である。普門品の「呪詛《じゅそ》諸《しょ》毒薬《どくやく》、所欲害身者《しょよくがいしんじゃ》、念彼《ねんぴ》観音力《かんのんりき》、還着於本人《げんぢゃくおほんにん》」の経文の理想による像で、頭に大宝冠を頂き、その中に仏身が住し、身相は黄色で、慈悲柔軟の相を現わし、救世の二十臂は、生類を救い導くためである。

灑水《しゃすい》観音は、右手に瓶を持ち、左手に散杖《さんじょう》を持って水を灌《そそ》ぐ姿をした像である。

そのほか、竜頭《りゅうず》観音、遊戯《ゆげ》観音、蓮臥《れんが》観音、滝見《たきみ》観音、施薬《せやく》観音、魚籃《ぎょらん》観音、衆宝《しゅほう》観音、蛤蜊《こうり》観音など、観音は、相手に応じて応現するのである。これらは皆、普門品等の三十三身に応現して抜苦与楽の理想を表している像である。

観音信仰の歴史的概観

この章の最後に、ここまでの観音信仰の歩みをもう一度その起源から振り返って概観してみたいと思う。

観音菩薩は、大慈悲によって人々を救うことを誓願とした大乗の菩薩であり、この観音菩薩ほど広く仏教圏の人々に愛され、信仰され続け、多くの尊像を造り続けられた菩薩は他に例をみない。その観音信仰の起源は、遠く二世紀のインドにさかのぼり、ガンダーラやマトウラーから観音像が出土しているので、その頃から信仰があったものと思われる。

阿弥陀仏の脇侍菩薩としての観音や、その功徳を説いた大乗経典は、インドで成立し（『法華経』の成立は五〇―一五〇年頃）、流布されたが、それらの経典は、多くの西域やインドの訳経僧たちによって中国に伝来した。

中国においては、観音菩薩を説いたそれらの経典は、すでに西晋末、二八六年に竺法護《じくほうご》によって『正法華経』（「光世音菩薩普門品」）が訳され、その後四〇六年に、姚秦の鳩摩羅什《くまらじゅう》が、『妙法蓮華経』を訳し、隋の六〇一年、闍那崛多《じゃなくった》と達磨笈多《だるまきゅうた》によって『添品《てんぽん》妙法蓮華経』が訳され、その普門品の偈頌《げじゅ》（詩文）などが漢訳されたことにより、観音菩薩に対する信仰が流布されたと考えられる。とくに、羅什の『妙法蓮華経』が訳出されると、ただちに弟子の道生《どうしょう》や慧観《えかん》たちによって多くの解説書がつくられたので、画期的な『法華経』信仰が起こると共に、その普門品に説かれた観音菩薩の功徳や霊験も広く世に知られるようになった。

さらに三世紀には『無量寿経』、五世紀には『観世音菩薩授記経』や『観無量寿経』が訳され、東晋と唐代に訳出された『華厳経』入法界品などには観音信仰の利益が説かれ、東晋（三一七―四二〇）に竺難提《じくなんだい》が訳した『請観世音菩薩消伏毒害陀羅尼呪経』、北周（五五七―五八一）の耶舎崛多《やしゃくった》訳『仏説十一面観世音神呪経』などにも、観音の名を称える功徳や霊験が説かれた。これらの翻訳経典によって観音信仰は驚異的な発展をみた。

観音信仰の発展に伴って、さらにそれを鼓吹する数多くの偽経（中国でできたお経）が中国人によってつくられた。その中の『高王観世音経』『観世音菩薩往生浄土本縁経』『観世音三昧経』などは現在に伝わっている。

六朝時代（後漢滅亡から隋の統一まで。建康に都した六つの王朝の時代、二二〇—五八一年）には、観音信仰によって得た霊験を集めた霊験記が多く作られた。『高僧伝』にも数多く記録されており、観世音応験記などの記録のほか、『法苑珠林《ほうおんじゅりん》』には、太原王琰《えん》の『冥祥《めいしょう》記《き》』をしきりに引用して霊験を伝えている。時代が下って清代になっても『観音慈林集』三巻、『観音経持験記』二巻が作られ、『観音経持験記』には観音信仰の霊験百十八件が記録されていて、当時さかんであった観音信仰の実態を知ることができる。また清代には、儒教の影響で男子誕生を願う送子観音（子授け）としての信仰が非常にさかんであった。

中国では隋唐以来の密教伝来に伴って、十一面、千手、如意輪、不空羂索、准胝などの変化観音の諸像がさかんに造られ、さらに信仰者の感得に基づいて馬郎婦、水月、蛤蜊、魚籃などの観音像も造られた。ちなみに中国においていかに観音像が造られたかということは、敦煌莫高窟の北魏から元代に至る菩薩像の大半は観音像だといわれていることからもうかがえる。

このように広く中国の民衆の間に根づいていった観音信仰は、この後、朝鮮半島を経て、日本へも渡っていったのである。

第五章　アジア民衆の中に生きる観音

庶民の中の観音

東京の浅草観音には多くの観光客や東京の人々がお参りに行き、さまざまな願いをかけている。観音堂前の通りには商店が軒を連ね、観光客が土産を買ったり、食事を楽しんだりしている。

台湾の台北の龍山寺でもまったく同じ風景が見られる。観音にお参りするとともに、門前の夜店や露天商を見ることがいちばん大きな楽しみとなっている。それは庶民が買いたい、食べたい、着たい、飾りたいと思っているものが全部その場所に集まっているからである。

私も、二十年ぐらい前、台北の仏寺に宿泊しながら中国の仏教儀礼の調査に従事していたことがあるが、たまに仕事をはなれて龍山寺の門前町を訪れることがあると、そのたびに庶民のすさまじいばかりのエネルギーに圧倒されたものである。

このようなことからみても、観音はまさしく庶民の中に生きている神であり、仏であることがわかる。以下、この章では、アジアの庶民に親しまれてきた観音について述べていこう。

中国大陸の宗教

まず、大陸部の中国（中華人民共和国）から話をはじめよう。

現在の中国では、憲法で信仰の自由が保障されており、どの宗教を信じてもよいとされている。

中国ではどんな宗教が信仰されているのだろうか。民間信仰を除くと、仏教、儒教、道教、キリスト教、イスラム教の五つが主だったものである。

儒教というのは孔子、孟子の教えであり、四書五経をお経とする教えであるが、これは宗教というよりは学問や道徳の教えであって、実際には、現在の中国の一般の人々にはほとんど関係のないものとなっている。しかし、もともと儒教の本拠地は山東省の曲阜《きょくふ》である。そこに孔子廟があり、現在はすっかり復興されている。

また一般民衆からはやや縁がうすいが、キリスト教も信仰されている。中国のキリスト教の信者は、大部分がカトリックである。現在では文化大革命で破壊された教会堂も再建されかなり民衆の信者が増えているようであるが、深く民衆化されているとは言えない。

イスラム教はマホメット教のことである。寧夏《ねいか》回族《かいぞく》自治区や新疆《しんきょう》ウイグル自治区へ行くと、イスラム教のモスク（礼拝堂）がたくさんある。北京などの町の中にも、イスラム教信者のための料理店である回族の食堂があちこちにある。

イスラム教よりはるかに民衆の間に勢力をもっているのが、道教である。道教は、儒教、仏教とともに中国の三大宗教の一つで、不老長生と虚無自然を求める宗教である。老荘思想、卜占、医術や、儒教や仏教の儀礼などが融合してできた宗教で、もっとも漢民族に信仰された宗教であり、中国大陸でも香港、台湾にも多くの道教廟がある。

中国においては、イスラム教とキリスト教は、ほとんど純粋な形で現在に到っているが、仏教と道教とは一つに混じりあっていることが多い。中国の寺院に参詣すると、いったい仏教寺院なのか、道教の廟なのかわからないことがある。

そのほかチベット自治区、甘粛省《かんしゅくしょう》、内蒙古自治区や東北地域（旧満州）へ行くと、チベット仏教（ラマ教）の寺廟があり、信者も多い。

道教の中の観音

中国において道教の廟であっても、仏教の寺院であっても、もっとも尊敬され、信仰されているのは何といっても観音である。

たとえば、中国山西省に五台山《ごだいさん》という有名な仏教霊山がある。そこに行くとお寺がたくさんあり、数百人もの僧侶がいるが、どの寺にも必ず観音が祀られている。元来、五台山は、文殊菩薩の霊場であるが、観音も祀られている。漢族の人にあれは何の仏だと聞くと、たいがいは「観音菩薩《コワンインプーサー》、文殊菩薩《ウエンチユープーサー》」と答える。

仏教において観音信仰を鼓吹していることは当然であるが、観音は仏教のみならず道教においても大きな役割を演じている。道教の中でも活躍する観音を考えるために、世界の終末に対してその救済を説く『度劫経《どごう》』にある次の経文を例としてみてみよう。

われは南海より飛来せる観音なり。われ、人間の世界を見しに、人間は総て堕落せり。一人と雖《いえど》も例外なし。天地を拝し、諸霊を敬うことを疎略になせり。獣類食用の禁止を守る者なく、聖像を蔑視し、甚だしく五穀を粗末になせり、孝道は廃《すた》れ、長上を軽蔑し、家畜を殺し、犬の皮をはぎとり、祖先及び諸霊に対する信仰は地を払えり。（中略）然《しか》るに我〔観音を指す〕は此悲惨なる有様を見かね、南海より西方浄土に飛翔し、わが祈禱と嘆願とによって如来仏を宥《なだ》めんと欲し、七日七夜、われは如来仏の足下に伏し、漸《よう》くにして赦免状《しやめん》を得たり。（中略）人類が善悪を区別しうるよう細心の注意を以て敬導すべきことを堅く誓いたり。……此黙示を否認する者は悪疫の犠牲とならん。罪悪の地上を雷電が撃つとき、我〔道教の玉皇大帝《ぎよくこうたいてい》を指す〕は天上の御座より人類を保護すべし。而《しか》して憐憫の真意に動かされて、此祈禱を流布する者は全家救わるべし。……。十箇の災害を免れんため努めて善行を積め。斯《か》くして汝は幸福と平安とを楽しむを得ん。仏戒を守り、此祈禱を広く流布せよ。怠る者には災害身に及ばん。

ここには、この祈禱を広く流布すれば救われるということが書かれている。これによると、南海の観音が道教の玉皇大帝に衆生の救済を願う役割を果たしたということになる。

道教は多神教であり、はじめは老子を神格化していたが、後には玉皇大帝（黄帝の変身）が礼拝の中心となった。その玉皇大帝の使者として活躍したのが観音であるが、これは仏教の観音が道教に取り入れられたのである。仏教の観音も道教の観音も民衆の苦しみを救うという点ではまったく同じであり、現在の道教廟にも仏教と同じ観音像が祀られている。

娘《ニャン》娘《ニャン》信仰

中国人は、女の姿をした神様が好きである。道教では女の神様をよく拝む。道教で祀られ拝まれている仙人の中でも、男の仙人よりもおおぜいの女神が拝まれている。

上代に信仰された神仙の一人に西王母があるが、『山海経《せんがいきょう》』では、西王母は半人半獣の長い豹の尾と虎の牙をもち、髪をふり乱した姿に描かれていて、疫病と刑罰をつかさどる怪神とされている。

しかし、『博物志』や『漢武帝内伝』になると、仙桃の話が付加され、西王母も美しい仙女として描き出されてくる。その後、道教に摂取されて神仙の一人となり、明以後は宇宙の最高神玉皇大帝の皇后とされて民間信仰の対象となり、最高の女神として崇拝されているのである。

中国の東北部（旧満州）や黄河以北の地には、娘娘《ニャンニャン》廟が多い。娘娘というのは子宝の神の名で、子孫娘娘といえば子授けの神様のことである。痘疹《とうしん》娘娘といえば疱瘡《ほうそう》よけの女神のことである。泥人形に願をかけて娘娘廟に供えると子どもが授かるといわれている。

南方の沿海地方で、天后聖母にあたるのが娘娘すなわち天仙聖母（碧霞元君《へきかげんくん》）である。天后は海にゆかりの女性の神であるのに対して、娘娘は陸上の女神である。中国の北方や東北部あたりの娘娘に対する民衆の信仰は、決して天后に譲るものではない。

東北部にあった娘娘廟の数は約二百七、八十というからたいへんなものであったといわれる。北京やその近郊にも娘娘を祀った祠はたくさんあったのである。『燕京歳時記《えんきょうさいじき》』『帝京歳時紀勝』に挙げられているものだけを数えても、十余ヵ所に達するという。中国北部にある大小の娘娘廟を数えたらかなりの数になるはずである。また稚拙な木版刷りの娘娘画像は、民家においても祀られている。

娘娘廟の主神は、天仙聖母であるが、たいていの廟は、天仙聖母を中央にし、その右に眼光娘娘と称する、眼病ばかりでなく痘疹、斑疹《はんしん》などの諸病を治す女神と、その左に、子孫娘娘と称する子を授ける女神を配している。この子孫娘娘は送子娘娘、送生娘娘などとも呼ばれている。

中国人と女神

このような娘娘信仰に大きな影響を与えたのが観音であると思われる。前に述べたように、中国人は昔から女の神様を信仰していた。観音はいろいろな姿をもっているが、その一つに女神の姿があり、この点にこそ、中国人が親しみのある神様として、早くから仏教の仏の中でもこの観音を信仰してきた第一の理由があるのだろう。観音がたいへんな美人の姿をもつことも受け入れられた理由の一つであろう。

中国の民衆が信仰する娘娘は観音とよく似た神様である。娘娘は観音からの換骨奪胎《かんこつだったい》と考えてもよいであろう。観音の生まれ変わりであると思われており、だから、中国の案内者が天仙娘娘のことを観音といっているのは当然のことなのである。

中国の民衆からみると、観音も娘娘も同じものなのである。こうしたことが観音信仰普及の大きな要因になったのだと思われる。そのため道教の廟に観音が祀られていることにもなる。

どうして道教でも仏教と同じように観音が信仰されているのか不思議に思われた読者の方も多いと思うが、要するに中国人にとっては、道教も仏教もない、功徳があり、ただ女神の姿をしていれば、それは皆娘娘であり、そしてしかも娘娘は、彼らにとっては観音と同じものなのである。

ダライ・ラマと観音

先にふれたチベット仏教においても、観音を讃える呪文「オンマニパドマフン」（蓮華の上におわす摩尼宝珠よ）が盛んに唱えられている。

このチベット仏教の法王であるダライ・ラマは、実は観音の化身といわれている。かつてダライ・ラマがいたチベットの首都の「ラサ」とは「神の地」の意味である。ソンツェン・ガンポ王のとき、伽藍《がらん》を造ったところ、地中より十一面観音像が出たといわれており、観音の地であり、法王が住んだポタラ宮は「補陀洛迦」（ポータラカ）という語と源を同じくしている言葉だといわれている。

ダライ・ラマを拝むことは、ラマ教の信者にとっては観音の化身を拝んでいることになり、チベット族は、みなが観音の信者ということになるのである。

道教と仏教

中国大陸以外の台湾や東南アジアの華人社会においては、仏教、儒教、道教と分けて寺廟を見るのは、その実態から離れてしまう面がある。

たとえば寺といえば仏教のものであるのが普通であるにもかかわらず、仏像もなく僧尼も住していないものがあったり、廟や宮《ぐう》といえば、道教や民間信仰のものであるのに、観音、地蔵菩薩などの仏教神が祀ってある。また道教の廟の中で仏教僧侶が儀礼を執行する例もあるし、その実態はさまざまである。祭神としては、道教の神像と仏教像とが種々雑多に混淆《こんこう》して祀られている。

たとえばさきにあげた有名な台北の龍山寺は仏教系の大寺院であり、主尊は観音菩薩で両側に文殊・普賢《ふげん》の二菩薩を祀っていることは純粋な仏教寺院と同じであるが、奥殿に行くと、道教の呂祖神《ろそしん》や関帝《かんてい》などが祀られている。もうもうたる香煙の中でおおぜいの庶民が願いをこめて熱心に祈っているこの寺は、仏教の寺というよりも、庶民の願いをかなえてくれる神様がいる廟に近い。

鹿港《ろくこう》の龍山寺も観音仏祖を主尊としているが、鹿港の街の神様である境主公や、註生《ちゆうせい》娘《ニヤン》娘《ニヤン》という神様が祀られている。

台湾の宗教

一方、中国南方に位置する福建省などの各地から渡来し、島内各地を開拓した人々の子孫である台湾人の観音信仰を見てみよう。彼らは本来漢民族なので、その風俗習慣が中国本土、とくに福建や広東地方のそれと大同小異であることは当然である。台湾は近代化して技術立国の道を歩んではいるが、台湾人の風俗習慣や人情の上には、漢民族の伝統が存続している。殊に宗教とか信仰とかの上には、その著しいものがみられる。

台湾の宗教を大きく分けると、儒教、道教、仏教、その他の民間信仰の四つに分けられよう。儒・道・仏の三教は台湾人の祖先が大陸から移住した際に、台湾に入ったものである。

儒教は国教として尊崇されていただけあり、行政上の府県に儒廟があって教えが説かれ、祭祀も営まれていた。儒教は官学であったが、道教や仏教は、道士や僧侶にそれぞれ運営がまかされて、放置されていたので、中流以下の人々は、儒教でも道教でも仏教でも、それがどのような教義であるかはまったく無関心であった。道教の神を祀る廟に僧侶がいたり、仏教の寺にも道教の神が祀られたり、道士が儒教の神や仏に祈ったりしても平気なものであったのは中国本土の場合と同じである。

一般に知識人は儒教を重んじ、仏教や道教を蔑《さげす》んだが、民衆レベルでは儒・仏・道の一定の信仰を選ぶことはなかったといってよい。極端にいえば、何でもよかったともいえよう。

台湾の宗教の中で仏教はというと、福建、広東地方から入ったもので、もともとは禅の臨済、曹洞の二宗に属したものであったが、台湾に入ると、経文を読誦したり、死者の冥福を祈ったり、諸仏諸菩薩を祀ることは浄土教と異なるところはなかった。

台湾の寺廟に祀ってあるのは、浄土教の阿弥陀仏をはじめ、釈尊、観音、地蔵尊、達磨《だるま》大師、羅漢《らかん》等々であり、その中でも台湾人がもっとも崇拝するのは、やはり観音である。

各寺廟や各人の家々の神棚といった神卓《しんたく》には、木像や陶器製のあるいは紙に描かれた女性像があり、それらは、たいてい観音を祀ったものである。すでに述べた台北の龍山寺や台南の開元寺や竹渓寺などは、観音を祀ってある有名な寺廟である。

儒教や仏教、道教、キリスト教やその他の各種の宗教が信仰されている台湾には、その神や仏を祀っている廟や仏寺などが数多くある。しかし、これにお参りするいわゆる善男善女の台湾人は、信仰から礼拝しているわけではない。大多数の人々は、ひたすら偶像を拝み、我が身のために求福避禍《ぐふくひか》を祈願するだけで、神仏を信じて安心立命を願うのではない。従って儒教、道教の神であろうと仏であろうと、その霊験が顕著と噂されれば、今まで熱心に拝んでいた寺廟を捨てて、その霊験あらたかな新しい寺廟の神仏に参拝祈願するようになる。彼等にとっては、儒教でも、仏教、道教でもどちらでもいいのであり、自分の祈願を達してくれ、求福避禍が達せられればよいのである。

儒教の神廟に仏像を祀ったり、僧が廟守りになっても一向に不都合でなく、一般の人々も無関心であり、僧侶は葬式を行う以外、仏法を説かなくてもよいのである。

しかし、そういう人ばかりというわけではなく、本当の仏教信仰を持った人ももちろんいる。仏教の五戒を守り、とくに素食（精進料理）をして肉食をしない人もいる。

観音のご利益

台湾の人々が仏教の尊像の中でもっとも信仰しているのは先に述べたとおり観音である。観音は種々の祈願に対して、ご利益が多いと信じられているからである。

仏寺に行ってみれば、正座に必ず観音像が安置され、参詣の人々からの供物がその前にたくさん並べられ、焼香の煙が絶えない。道教の廟でも同じような光景が見られる。これをみても台湾人は、釈迦や阿弥陀仏より観音を拝んでご利益を授かることを祈願し、信仰していることがわかる。

一般に神仏にすがってご利益を授かろうと祈願するのは、男性より女性の方が多いが、台湾の女性もその例にもれず、中年以上の女性たちが寺廟に参拝することが大変に多い。

このように観音は台湾の人からは非常にありがたいものとされ、台湾各地の廟や寺には、いろいろな観音が祀られている。

斎教《さいきょう》（戒律を守る在家の信仰団体）の信徒は観音をとくに厚く信仰し、帰依して精進しているが、他の人々も観音を他の仏よりも深く信仰している。「寺」と名のつくところには必ず観音が祀られているだけでなく、台湾の山や滝や土地の名にも観音という名がついているところははなはだ多い。台北の平野に高くその姿を見せている観音山や、小観音と称する山もある。この観音山を遠くから見ると、観音が寝ているような山容をしている。

そのほか観音滝という滝もある。寺の名でも観音寺とか、観音亭というものが方々に見られる。こうした大小の寺はたいてい風光明媚な地にあり、参詣する人が常に多く、その寺廟は繁盛し、それをまた人々は観音のご利益だと、ますますその観音に祈願する。願いが叶えばその噂は広まり、さらにその寺廟は参拝者が増え、栄えるのである。

旧暦（農暦）の二月十九日は観音の誕生日とされ、観音仏祖生といって祭祀を行う。儒教や道教の神々の祭典とは異なり、寺廟に参拝し、安置された観音像を静かに礼拝するだけであるが、寿桃《じゅとう》といって桃の形の饅頭《まんじゅう》に赤い字で寿と書いたものを観音像や画像に供え、燭を点し香を炷《た》き、爆竹を鳴らして祭りを行い、観音の誕生日をお祝いする。

また旧暦の六月十九日は観音が得道して昇天された日、すなわち観音昇天日ということでお祭りが行われる。仏寺や神廟の前では芝居が上演され、各自の家では牲醴《せいれい》（まつりの供物。いけにえとあまざけ）を供え、金紙の紙銭を焼き、爆竹を鳴らし、観音像を轎《かご》にのせて、街や村中を練り歩き、この轎が通過する道筋で、人々はこれを送迎して礼拝するのである。このような習俗はしだいにすたれてきたとはいえ、今もなお一部に残っている。

観音の小冊子

漢民族の観音信仰について、その輪廓をよりはっきりとさせるため、一冊の小冊子を紹介しよう。

それは香港の仏経流通処から刊行されている『観音経呪霊感輯略《じゅれいかんしゅうりゃく》』という小冊子である。冒頭に色刷りの観世音菩薩像が極彩色で描かれている。ついで鳩摩羅什《くまらじゅう》訳の『妙法蓮華経観世音菩薩普門品』、つぎに玄奘《げんじょう》訳の『般若心経』の全文が収録されている。その後に「南無仏、南無法、南無僧、南無救苦救難観世音菩薩……」と観音の名を唱える「白衣大士《びゃくえだいし》神呪」がつづく。

さらに短い呪文で准胝観音の功徳を称讃した「六字大明呪《だいみょうじゅ》」と「仏説七倶胝仏母准胝大明陀羅尼《ぶっせつしちぐていぶつもじゅんていだいみょうだらに》」がある。この「准胝《じゅんでい》大明陀羅尼」はたいへんな功徳があるとされ、これを九十万遍唱えれば、無量劫より受けた一切の諸重罪がことごとく滅し、天上に生ずることができるとまでいわれる。

ついで『千手千眼無礙大悲心陀羅尼《むげだいひしんだらに》』が掲げられている。これは『大悲心陀羅尼』すなわち『大悲呪《だいひしゅう》』であり、日本の仏教においても読誦されているが、中国仏教ではもっともポピュラーなお経で必ず読誦されている。

この『大悲呪』は観音の無限の功徳を称えたもので、このお経を中心とする懺法は、現在でも行われている。

これにつづいて「讃観音菩薩偈《さんかんのんぼさつげ》」がある。この偈文《げもん》の最後にはこのようにある。

南無普陀山琉璃世界大慈大悲観世音菩薩
南無観世音菩薩　（千百声）

これは、「南無観世音菩薩」を十万遍も唱えよといっているのである。

そして、つぎのような回向偈《えこうげ》（回向とは自分が積んだ功徳を他に転ずること）がある。

願わくは此の功徳を以て、仏浄土を荘厳し、上《かみ》、四重の恩に報い、下《しも》三途の苦を済《すく》う。若《も》し見聞する者あらば、悉《ことごと》く菩提心を発し、此の一報身を尽して、同じく極楽国に生ぜん。

この小冊子には、さらにその後に「観音霊感録」も収録されている。これは観音を信仰した者の霊験譚である。

この本は、まさしく観音信仰を鼓吹するために書かれたものであり、日常生活の中や寺に参拝したときの、観音信仰者の具体的手引書である。また、これに類似した本が寺廟や素菜《そさい》館《かん》（精進料理の食堂）の売店にも置いてあり、多くの信者に読まれている。

東南アジアの仏寺

さて、ここで東南アジアを見てみよう。

マレーシアの半島の西の沖にあるペナン島の極楽寺の円通宝殿の主尊は観音であるが、殿の前には道教の玉皇大帝《ぎょくこうたいてい》が祀られているし、伽藍殿の中には天官大帝や福徳正神などの道教神が祀られている。

同じペナン島で多くの参拝客を集めている広福宮は、観音仏祖を主尊としているが、道教の神である関聖天子や太歳爺《たいさいや》なども祀っている。この広福宮には仏教の僧がいて、『慈悲水《じひすい》懺《ざん》』などを読誦しているのを見たことがある。『慈悲水懺』は、唐代の名僧知玄がつくったもので、病気を治し、水死者などの霊魂を救うために読む仏教経典である。これを読誦して行う儀式は、二時間以上かかる長いものである。仏教の僧侶がいるので仏寺にはちがいないが、その実体は道教の廟といった方がよい。さらに同島の観音寺も、観音仏祖が主尊でありながら、関羽、玉皇大帝、城隍神《じょうこうしん》など道教の神があわせ祀られていた。

シンガポールの仏祖宮は住職は仏僧であり、観音を祀っていながら城隍爺《じょうこうや》（地域を守る神様、城隍神と同じ）や大伯公（財神）なども祀っている。

また、シンガポールの仙祖宮も住職は仏僧であり、観音を祀っているが、同時に城隍爺や大伯公なども祀っている。同じく普陀寺は仏教の宏船法師が主持している仏寺であるが、大雄宝殿の両側には華陀《かだ》（三国の魏の名医）、清水祖師《せいすいそし》、金花娘娘、城隍爺、包公《ほうこう》、普生大帝《ふしょう》などを祀っており、仏教神と道教神とが混在して祀られている。

清朝代に建てられ、シンガポールでもっとも古い道教廟の天福宮では、本殿に天后聖母、聖母娘娘、蘇王娘娘などを祀り、その側には商売繁昌の神で阿片を顔に塗りつけた大伯公が置かれている。奥殿の方では観音仏祖を主尊として、日光・月光の両菩薩と註生娘娘が祀られていた。この場合、観音仏祖や、日光・月光菩薩は仏教の仏でありながら、すでに道教化された神なのである。人々は、自分たちの希望や願望に必要なものは（何でも）神格化し、名称をつけて祀っている。

地蔵王廟などでも主尊は仏教の地蔵王菩薩であるが、その他、道祖神の城隍爺、斉天大帝、観音、玉皇大帝、包公、大伯公、仏教の阿弥陀仏などが雑多に祀られている。

盂蘭盆会《うらぼんえ》の由来

アジアをさらに南に下り、シンガポールで私が出会った風景をお話ししよう。その日、朝から南国の日差しは強かった。強烈な日差しの中を人々は仏教寺院に三々五々集ってくる。老婆と一緒に若い娘さんが子どもの手をひいてくる姿もある。人々の手にはミカンやネーブル、バナナなどの果物が提げられている。また、大きな食器や皿の上には豚肉や魚の揚げ物、鶏、家鴨《あひる》などがたっぷりと盛りつけられている。これらの供物を持って人々は午前中から寺へ集ってくるのである。

この日は旧暦七月十五日の中元節であり、終日、シンガポールの中国寺院で盂蘭盆会《うらぼんえ》が行われる日なのである。盂蘭盆会には街頭で商店会や華僑会館が主催するもの（私普）と、寺廟で行われるもの（廟普）との二種がある。どちらも旧暦七月十五日前後に行われるのが普通である。

盂蘭盆会の盂蘭盆という言葉の典拠については、学問的にも難しい問題を含んでいるが、唐代の学僧であった宗密《しゅうみつ》は、「盂蘭《うらん》とはこれ西域の語で倒懸《とうけん》という。盆《ぼん》とは乃《すなわ》ち東夏の音、仍《よ》りて救苦《きゅうく》となす。若《も》し方俗にしたがえば、まさに救倒懸盆《ぐとうけんぼん》というべし」（『盂蘭盆経疏』）

といっている。倒懸とは地獄において苦しむ状態を云うのであろう。

普通、中国では、盂蘭盆の因縁についてはつぎのようにいわれている。

目連《もくれん》尊者が神通力を得て亡き父母を救おうと思い、道眼をもって地獄にいる母を見ると、亡母が餓鬼の姿になって飲食することができず、骨と皮とになっていた。目連は哀しんで鉢に飯を盛り、母に手向けた。母が左手で鉢にさわり、右手で食べようとするや否や、飲食は火となって燃えてしまった。目連は悲しみのため泣き叫び、仏のところへ行ってこの事情を訴えた。

仏は「お前の母の罪は重く、お前一人の力ではどうすることもできない。お前さんに孝心があったとしても天神地祇もどうすることもできない。十方衆僧の威神力によって救うしかない。自分が今、救済の法を説くであろう」と言って、その方法を教えたのであった。

その方法とは、七月十五日に、現在の父母、七世の亡き父母のために百種の珍味を盆の中に盛り、十方の大徳衆僧に供養すれば、過去の父母や六親の眷属も皆、三途の苦しみから逃れることができるというものであった。このような因縁によって、七月十五日に盂蘭盆会が行われるようになったのだといわれる。

ちなみに、中国における盂蘭盆会の始まりは梁の武帝の大同四年（五三八）に同泰寺において行われたという記録を信用すれば、六世紀頃から行われていたのであろう。

街頭の光景

寺廟で行われる盂蘭盆会よりもいっそう活気があるのは、会館や商店街で行われる普度《ふど》（盂蘭盆会）である。とくに豚と山羊の生贄《いけにえ》は壮観で、丸焼きの豚の鼻の穴や、尻の穴にも長い線香が立てられているのが普通である。この豚と山羊は盂蘭盆の儀式が終わる頃にはすべて解体され、それぞれの功徳主に施物《せもつ》として渡される。あっという間に巨大な包丁で小さな肉片に刻まれてしまうのである。

街頭の盂蘭盆会には、人間の身長の二、三倍もあるような巨大な線香が燃えさかり、煙のためにのどが痛くなるほどだ。その線香からでる灰は風で吹きとばされ、それが飾られている供物のご馳走の上に容赦なく降りそそぐ。食物が灰で真っ白になってもみな平気である。

シンガポールの盂蘭盆会

このシンガポールのバレスティア路に観音堂という寺廟がある。大雄宝殿には釈迦三尊が、観音殿には観音菩薩が、二階の坤徳堂《こんとく》には瑤池《ようち》娘娘が主尊として祀られている。この寺で行われる盂蘭盆会をつぶさに見聞できたので、その大略をつぎに述べてみる。

寺には盂蘭盆会のために、中元壇、普施壇、孤魂壇などの祭壇が造られる。

この観音堂の盂蘭盆会は早朝八時三十分から、六人の僧尼と哨吶《しょうとつ》（ラッパ）を吹く楽人によって儀礼が始められた。六人の僧尼の中で主者（導師）になる僧は、黄色の衣の上に赤い袈裟《けさ》をつける。その他の僧は黄の衣だけをつける。主者は右手で振る鈴を持ち、他の僧もそれぞれ太鼓や木魚、鐃子《とうし》（皿のような鐘を棒で叩く）、手鼓などの法具を持って仏壇の前に並ぶ。

まず、これから儀式が始まることを告げる「演浄《えんじょう》」という儀式が行われる。これは祭壇を清め、供養する霊を招聘して準備を整えるのである。

観音殿の前に造られた普施壇には、真中に三つの大きな供物《くもつ》が置かれている。中央に野菜でできたもの、左右には米で筒状に作った供物、その上に幡《ばん》が二つ立てられている。その他に果物、香油、餅などありとあらゆる食物が供えられていた。

孤魂壇の一番奥には蓮位《れんい》（位牌）の棚が造られ、これから供養するたくさんの蓮位が飾られる。その前にも果物や、油、餅、ビーフンなど功徳主の供物が山のように盛られていた。読経が始まると観音堂の主持（住持、責任者）が手香炉を持って僧の背後に立つ。この観音堂の主持は有髪の在家女性であった。

『大悲呪』『般若心経』などが読誦され、赤い紙（赤い紙は法要、黄色の紙は葬式のときに使う）に書かれた願文が読まれる。二時間もすると「拝懺《はいざん》」儀礼が行われ『慈悲水懺《すいざん》』という仏教のお経が読誦される。このお経は午前午後三回に分けて読まれる。午前の読経が終わると、僧たちは鳴物《なりもの》を奏しながら功徳堂、坤徳堂、孤魂壇などの諸堂を廻り、お経および疏文を読む。

正午頃には「上供」の行事が始まる。功徳主が午飯を供養する儀礼であり、「香讃《こうさん》」「称名《しょうみょう》」「廻向偈《えこうげ》」などが唱えられる。

仏教の僧たちが大雄宝殿の仏壇で『慈悲水懺』の儀礼を行っている間、観音殿では観音の信者たちが声をそろえて、一心不乱に読経していた。読んでいるのは道教のお経であった。大雄宝殿の仏壇では仏教の儀礼が行われ、観音殿では道教のお経が同時に読まれているのである。

仏道混淆

観音殿の内部をよくよく見渡してみると、いちばん奥には大きな千手観音像があり、その左右に護法神が立っていた。その前には二列になってさまざまな道教の神が並んでいた。前列には媽祖《まそ》、孔子爺、財神爺、文皇爺、太歳爺《たいさいや》が、後列には弥勒《みろく》、地蔵王、地母娘娘、仙師公、呂祖仙師が粛然として並んでいるではないか。まさしく仏道混淆《こんこう》である。殿内の大きな扁額には仏教の言葉である「仏光普照」、垂れ幕には「南無阿弥陀仏」と金色の文字で書かれていた。

観音殿の横の壁には盂蘭盆会の寄附者の名前が貼られている。「羅門治子喜敬白米一包、米粉」などと書いてある。ここに「治子」とあるのは病気が治った人という意味で、観音堂の千手観音を信じて病気が治ったので白米と米粉を喜んで寄進するという意味になる。羅門とは羅氏の家族の意味である。その他どんな品物を寄附しているかというと、白米、米粉、香油、白砂糖、牛乳、汽水《チーシュイ》（サイダー）など、ありとあらゆる食料がある。

盂蘭盆会のクライマックス

朝から行われている盂蘭盆会の行事は、夜になるとクライマックスに達する。仏殿の横の広場には、瑜伽焔口《ゆがえんく》（中国における施餓鬼行事）の儀礼の主役となる面然大士《めんねんだいし》（赤い舌を出した鬼王）の大きな紙人形が飾られる。また先祖の蓮位（位牌）が霊壇に祀られる。会場にはたくさんの蠟燭《ろうそく》や灯火が点され、真昼のような明るさになる。点滅する霊灯の光がいっそう雰囲気を盛りあげてくれる。

霊壇に集まってきた死者の霊魂の力を強めるのが、これらの灯火の光である。蠟燭や灯火から発する光と熱によって強められた霊魂は、霊壇に捧げられた供物の数々を喜んで受けるのである。

中国人は自然を陰と陽との二つに大きく分ける。陰は暗黒、寒冷、死の世界であるのに対して、陽は光、熱、生命を意味する。肉体から遊離した霊魂は陰の世界にあるとき、ひどく弱っているが、蠟燭や灯火から発する熱と光によって、その力を強めるのである。

瑜伽焔口の儀礼を行う場合、見落としてならないのは、さまざまな霊屋が並べられていることである。霊屋とは死者が冥界において住む家屋のことであり、生活に必要な自動車や自転車をはじめとし、テレビや洗濯機までが置かれている。

もちろんすべて紙と竹で作った家の模造品ではあるが、大きなものになると五メートル位の高さのものまである。霊屋の両側には召使いも立っており、一人の召使いは煙草を、もう一人はお茶を持って冥界の主人に仕えている。

子が亡き親を思い、親の霊魂を供養し、あたかも現世で生活しているのと同じように、来世においても豊かな生活ができるようにと願いをこめて霊屋が作られるのである。これらのさまざまな形をした霊屋は供養と儀式の最後に、寺の庭で夜空をこがして燃やされる。

マラッカの千手観音

さらに南にある観音を紹介しよう。

シンガポールから約七時間、マレー半島の熱帯ゴム園の中を北上すると、やがて風光明媚なマラッカに着く。マラッカはキリスト教の伝道地として、またイギリスやオランダの東洋支配の中継地として有名であるが、この地にも中国寺院として有名な青雲亭がある。

青雲亭は中国人街の中心である観音亭街にある。青雲亭の寺門を入ると真正面に、二百年の歴史をもつ金色燦然《さんぜん》たる大雄宝殿がある。

青雲亭の主尊は観音仏祖であり、とくに千手観音が二体祀られている。本殿の左側には媽祖、右に太歳爺が祀られている。大雄宝殿の左側には祖師堂と功徳堂があり、右側には伽藍菩薩や太伯公、奥に虎公が祀られている。位牌堂や開基堂があり、厨房には食堂の神様である監斎菩薩が祀られて、僧房、蔵経楼が並んでいるのである。

このようにしてアジア各地に広まった観音だが、もちろん海を渡って日本にも広まっていくことになる。第七章では観音と日本人について述べることにするが、その前にこの章をとじるにあたり、次の第六章で扱う観音と水とのかかわりについて、あらかじめ少しふれておこう。

南海大士

すでに述べたように、観音は、中国の仏教寺院で必ず祀られている。中国の観音像は日本の観音像とは異なって、海の波の上に立っているものが多い。

中国では観音の聖地が舟山列島の補陀洛迦山《ふだらかせん》であるため、どうしても観音は青い波の上や、竜魚の上に乗っている形に造られる。香港で売っている土産品の木彫の観音もこのような形のものが多い。普通、このような観音を慈航観音とか南海大士と呼んでいる。

観音ははじめ男性神として表現されたが、慈悲の権化であるということから次第に女性神として表現されるようになった。

観音はもともと男性でも女性でもない中性である。しかし信仰の対象としては女性神の方が民衆から信仰される傾向がある。前にも述べたように、とくに中国ではその傾向が強い。

そのためか、とくに中国の唐代の観音像は姿態がたおやかで、肉感的でさえある。阿弥陀如来や仏像の線はどちらかといえば固い感じがするが、観音像の姿態は女性的で柔らかな曲線である。

また観音の立像を見ると、直線的に立っているだけでなく、かすかに腰をひねって上半身を傾けた微妙な曲線をもっている。北京の広済寺の大雄宝殿の釈迦像の背面に描かれている観音像は巨大な観音立像だが、その姿態をやや曲げており、その姿からは色気さえも感じられる。

中国の仏教僧や居士《こじ》・信女たちは『阿弥陀経』をよく読む。しかし、浄土の具体的なイメージとしては、観音の補陀洛迦山が描かれたり、浄土に行くために紙で作った船「西方船《さいほうせん》」にも観音が乗っていることが多い。このように民衆に親しまれている観音は、白衣大士《びゃくえだいし》と呼ばれることがある。また先に述べた南海大士とも呼ばれることがある。

第四章の求那跋陀羅《ぐなばつだら》のエピソードでも観音が海の守護神として拝まれたことにふれたが、中国人が観音といえば南海大士、あるいは白衣大士といって拝む根底には、南海にいるありがたい神様、海上安穏《かいじょうあんのん》の神様という信仰があったのである。ちょうど日本でいうと、金比羅《こんぴら》様が船乗りの神様であるように、中国では観音が船乗りの神様なのである。

観音が海の神様であるという理由としては、次章で述べる補陀洛迦山信仰に因縁がある。しかし、それだけではなく、もともと中国では水神に女神が多く、観音も女神だから水に関係すると考えられたからではないかと思われる。

長江の支流である湘江《しょうこう》の水神である湘君《しょうくん》（伝説で尭《ぎょう》の長女で舜の妻）でも、湘夫人（尭の二女）でも、曹植《そうち》（一九二―二三二、魏の開祖曹操の第三子、詩人）の「洛神賦《らくしんふ》」で有名な洛神《らくしん》（洛水の水神、伏羲《ふくぎ》の女）も、これらはみな、二千数百年もしくは千七百年も前に出現した水の女神であって、こうした女神への考え方が、後の観音信仰を生み、観音信仰を普及させた原因の一つであったとも思われる。

「白衣観音図」

白衣大士も渓流の岩の上に坐っている絵が宋代以後に多く見られる。日本の京都の大徳寺にある「白衣観音図」は牧谿《もっけい》が描いたものであるが、彼は中国の南宋の蜀《しょく》の僧で法常と号した人である。

この図は中央には岩上に坐っている白衣観音が、左右には、懸崖の樹上に戯れる母子猿と、上空を仰いで哭《な》く孤鶴《こかく》が描かれている。幽玄な風格と高大な気宇を蔵するものである。この絵の左下に「蜀僧法常謹製」という款識《かんし》があり、左右両幅には「牧谿《もっけい》」の印章がある。水墨で描かれた白衣観音は、白衣を身に纏《まと》い、洞窟内の岩床に、深淵に臨んで静かに安坐して温容の慈眼を垂れている、まことに尊い姿である。

また、明末の動乱をさけて亡命してきた黄檗宗《おうばくしゅう》の僧逸然《いつねん》（一六〇一―六八）は、明代、浙江省生まれの商人で、長崎の興福寺の住持となったが、仏画に秀でていた。その彼の作品の一つに「白衣観音観瀑之図」というのがあるが、これは白衣観音が深山幽谷の中に流れ落ちる滝を見ている絵である。白衣観音が水神と深い関わりを持っていることを、これらの絵画によっても知ることができる。

第六章　観音、海へ

海と観音

観音と海との密接な関係が説かれている経文が、観音の功徳を説いた『法華経』の「普門品」の中にある。それは、つぎのような部分である。

もし大水にただようようなことがあっても、御名を称える者があれば、たちまち浅いところに逃れることができます。

もし数限りない衆生が、金、銀、瑠璃《るり》、硨磲《しゃこ》、碼碯《めのう》、珊瑚《さんご》、琥珀《こはく》、真珠などの宝を求めようとして大海に入り、にわかに暴風に襲われて、船が食人鬼の国に流されても、そのうちの一人でも、観音様の御名を称える者があれば、他の人々は食人鬼より危害を加えられることなく、無事に宝を得て帰ることができます。このために観世音というのです。

金銀その他の宝石を求めて大海に入るというのは、インドの師子島（スリランカ、前述）

を中心とした海上貿易のことをあらわしている。

食人鬼の国（羅刹鬼国《らせつきこく》）というのは、師子島には羅刹《らせつ》（鬼）が住んでいたためともいわれるが、むしろ師子島を中心とした南海諸国との海上交通が危険このうえなかったということのためではないかと思われる。そのため船乗りたちは、航海の安全と平穏を祈らずにはいられなかったのであろう。

その海上交通の守護神が前章で述べたように観音だったのだと思われる。そのため観音は南海観音と呼ばれ、海島に住んでいるという信仰があったのだろう。東アジアにおいて観音の住処となり、観音の浄土となったのは、中国の舟山列島の普陀山《ふださん》（普陀落迦山《ほだらくさん》）であった。

ところで、そもそもなぜ、中国では普陀山が観音の住処とされるようになったのか。その由来は第二章でもふれた、補陀洛迦山《ふだらかせん》にあると思われる。そこでまず、もう一度この補陀洛迦山に戻り、ここから話をはじめたい。

観音の浄土――補陀洛迦山《ふだらかせん》

観音の浄土といわれる補陀洛迦山《ふだらかせん》とは、どこにあり、どのような山なのであろうか。
補陀洛迦山とはポータラカ potalaka の音写語で、観世音菩薩の住地のことである。先述した光明山という別の呼び名の他にも、小白華山《びゃくげ》、小花樹山などとも訳し、海島ともいう。

観音菩薩の浄土である。

前にも述べたように『華厳経』入法界品《にゅうほっかいぼん》には、善財童子が五十三人の善知識を訪問する途中、第二十八番目に観音を訪ねて初めて補陀洛迦山に登ったという。補陀洛迦山については、すでに述べたが、この山で、善財童子は、観音菩薩の結跏趺坐《けっかふざ》の姿を見ることができたのであった。

補陀洛迦はインドでは古来観音の霊地として信仰の対象となっていた山であり、『陀羅尼《だらに》集経《じっきょう》』というお経には「補陀洛迦山はここに海島という」とあり、海に囲まれた南インド海岸にある一小島を指していたもののようである。

玄奘《げんじょう》三蔵の『大唐西域記』巻十にはつぎのようにある。

秣剌耶《まらや》山の東には、布陀洛迦《ふだらか》山がある。山道は危険にして巌谷がけわしい。山頂には池があり、鏡のように澄み、大河が流れ出している。その河は山を繞《めぐ》ること二十回にして南海に入っている。池の側には石の天宮がある。観自在菩薩が往来し留まるところである。観音菩薩を見ようと願う者があって、身命を顧《かえり》みず、水をわたり山を登って険路を行くが、よくそこに達する者は少ないという。

補陀洛迦山の山頂には池があり、その池から大河が流れ出て南海に入るとあるので、その山は海の中の島にあるのではなく、南海に面した山であり、観音菩薩を見ようとして河を渡り山を登っても容易に近づくことができない険峻の地であるといっている。

このように、補陀洛迦山は観音の住処とされ、そのことがインドの南海のポータラカがチベットや中国にも伝わり、観音菩薩の浄土とされたのである。

東アジアの観音霊場——普陀山《ふださん》

さて、話を普陀山《ふださん》に戻そう。

中国の仏教の四大聖地の一つであり、観音菩薩の聖地とされた普陀山《ふださん》（普陀落迦山《ほだらくさん》）は、浙江省普陀県に属する舟山列島の中の一つの島にある。

島の長さは南北八・六キロ、東西三・五キロ、面積は一二・七六平方キロで、最高峰の仏頂山は標高二九一・三メートルである。

昔、日本や朝鮮に渡航したり、帰国する者はこの島の観音に祈願をこらし、航海の安全を祈ったという。この普陀山の海浜は、そのまま東シナ海や黄海を経て朝鮮半島と日本に通じている一衣帯水の海である。その交通の要地に花開いた仏国土こそ観音菩薩の聖地、普陀山なのである。

普陀山の歴史は、西漢末年に梅福《ばいふく》がこの山に来て梅岑《ばいしん》と称したことから始まるといわれる。これは「世外の仙境」という意味で、道教の神仙境を表す。観音の住処、補陀洛迦としてとりあげられたのは唐代になってからであろう。

唐代になって仏教がさかんになると、内外の仏教徒がこの島にやってくるようになった。唐の大中年間（八四七―八六〇）、インド僧が来山し、また大中十二年（八五八）には日本僧の慧萼《えがく》が来島して不肯去《ふこうきょ》観音院を建てたため、この島が観音の道場となった。

普陀山で初めて観音を祀った寺が不肯去観音院である。これは慧萼が、文殊菩薩の聖地、山西省の五台山で頂いた観音像を奉じて日本に帰る途中、この海まで来ると、その観音像がどうしても日本に行くことを肯《がえん》じなかったので、船が進まず、慧萼はその観音像を奉じて岸に上り、そこで祀ったのが不肯去観音院であったという。その後、普陀山には寺が建てられ、観音の聖地を形づくるに至った。

宋の神宗《しんそう》の元豊三年（一〇八〇）、王舜封《おうしゅんほう》が高麗（朝鮮）へ使節として行こうとしたとき、風波が荒く船を進めることができなくなった。そこで王舜封は観音が示現するという普陀山の潮音洞《ちょうおんどう》を望んで祈ったところ、波濤は静まり無事に航海することができた。彼が帰朝後にこのことを奏聞すると、宋の神宗は「宝陀《ほうだ》観音寺」の名を下賜したのである。

宋の高宗《こうそう》の紹興元年（一一三一）、全島の漁民七百余戸を移住させ、普陀山の仏教各宗をすべて禅宗に統合して、大々的な仏教聖地とすることにした。宋の寧宗《ねいそう》は嘉定七年（一二一四）、「円通宝殿」の額を下賜され、普陀山を観音の浄土とした。その後普陀山は仏教聖地として発展していった。

清の聖祖の康熙《こうき》四年（一六六五）、普陀山の大殿を除いたほかの寺院がすべて外国の侵略者たちによって焼かれた。しかし同二十八年（一六八九）には帝が杭州に行幸になり、普陀山の寺院の再建費用として金一千両を寄付した。

その十年後、康熙帝は再び杭州に行幸し、普陀山の前寺と後寺の二つを修復し、「普済群霊《ふさいぐんれい》」「天花法雨《てんかほうう》」の額を下賜された。これより前寺を普済禅寺《ふさいぜんじ》、後寺を法雨禅寺《ほううぜんじ》と称するようになり、現在までこの呼称は続いている。

普陀山三大寺

清代の諸帝は大金を普陀山に寄付し、特に清の徳宗《とくそう》の光緒三十三年（一九〇七）には、文正和尚の力によってついに慧済禅寺《えさいぜんじ》という巨刹《きよさつ》が完成し、前寺（普済禅寺）と後寺（法雨禅寺）とこの慧済禅寺を普陀山三大寺と呼ぶにいたったのである。

日中戦争の後、普陀山にはなお大小の寺院や庵堂があわせて八十余ヵ所、草庵にいたっては百余りも存在したという。

毎年、陰暦の二月十九日（観音誕生日）、六月十九日（観音入山日）、九月十九日（観音成道日）の三回の観音菩薩の縁日にはおおぜいの参拝者で島はにぎわう。文化大革命の時代には普陀山の各寺はすさまじいばかりの破壊の嵐を受けたが、その後しだいに復興され、現在は華僑や外国人をはじめとし、中国国内の観光客もこの東海の真珠、普陀山を訪れている。

現在の普陀山

さてここで、観音菩薩の霊地である現在の普陀山の様子を見てみよう。

普陀山最大の寺刹《じさつ》である普済寺の中には大円通殿、天王殿、法堂（蔵経楼）などが並び、大寺刹の観を呈している。大円通殿には観音が安置されている。この大殿は清の康熙帝と雍《よう》正《せい》帝のときに勅命によって建造された堂々たる殿宇《でんう》である。

この大円通殿には高さ六・五メートルの大観音像を中央に、周りに三十三身の応現身の観音像があり、両側には十八羅漢が並び、背面には千手観音がある。まさしく大円通殿は観音の宝殿なのである。

観音示現の地――潮音洞

普陀山で初めて観音菩薩を祀った不肯去観音院の前の、波濤が岸をたたきつけている海岸の岩の間にあるのが、潮音洞である。

洞は深さ二十余丈、両側には岩石が隆起し、深い洞窟を形成している。潮水が洞内に奔騰して流入し、その響きは雷鳴のようであり、波の変幻自在なること夢幻の趣がある。もちろん洞内に入ることはできない。巨石に刻まれた「潮音洞」の真っ赤な文字が鮮やかに目に入る。この三字は、清の康熙帝の御筆だといわれている。

この潮音洞の波しぶきの中に観音が姿を現わすので、ここは観音の現身処であるともいわれた。昔はこの海に身を投げて極楽浄土に生まれようとしたり、自らの指を焼いて（燃指供養）観音の示現を願ったりした人がいたため、捨身と燃指を禁止する文字の碑刻がある。

この潮音洞の岸壁には五十センチメートルくらいの小さな観音像がいくつか彫られているが、これは信者が信仰の証《あかし》として彫ったものであろうか。波しぶきの中で熱烈に祈願をこらしていれば、観音の姿を見ることができたのではなかろうか。

この潮音洞から大悲橋を渡ると、岩の上に南海大士という名からとった大士亭がある。この大士亭からははるかかなたの洋上に見えるのが洛迦山《らっかさん》である。慧萼が五台山から観音像を持ってきたという話とは別に、この洛迦山から観音が普陀山へ渡ってきたという伝説があるが、その場所が観音跳という岩なのである。

潮音洞の南の東海岸にあるこの巨石の上に乗った観音が、茫々たる大海を見ていたというので観音跳ともいわれるし、洛迦山から普陀山へ跳んできたので観音跳ともいわれる。巨石の上には観音の足あとというくぼみがある。

大士亭から光明池のそばを通ってゆくと紫竹禅林がある。明の皇太后が目の病にかかったとき、この池の水で洗ったところ眼病が治ったというのが光明池の名のおこりである。この光明池から紫竹禅林の正面までの道には、蓮華が石畳の道いっぱいに彫られている。昔の信者はこの蓮華の上で五体投地の拝を繰り返しながら、この道を進んだという。

紫竹林という名は、付近に長い紫竹が生い茂っていたためなのである。このあたりの岩には紫竹のような海草の化石があるため、その岩が黒褐色を呈しているので、岩もまた紫竹石といわれている。

梵音洞《ぼんおんどう》

紫竹林は昔は聴潮庵《ちょうちょうあん》と名づけられており、明の万暦八年（一五八〇）、湖北省の麻城出身の大智和尚が建立した草庵である。

潮音洞の反対側の岬にあるのが有名な梵音洞《ぼんおんどう》である。普陀山では潮音洞と梵音洞の二つを両洞といっている。

潮音洞も梵音洞も海水が岩にあたり、巨大な波しぶきが立っているが、その波しぶきの中に観音が示現するとされるのである。

梵音洞は青鼓山の下にある天然洞窟で、その前門には「梵音嘹喨《りょうりょう》」と書かれている。

梵音洞の断崖を下りてゆくと、左右の巨大な岩石にはさまれた洞の景観に圧倒される。その巨石の中央の割れ目の中心に一つの石がはさまれているが、宝石を口の中に含んでいるようにも見えるし、もっとはっきりいえば、女陰そのものの形が巨大な洞窟の形ともいえる。その大自然の造形の妙にうたれ、どんな男性でも驚嘆しながら、そのままそっくりの秘処に見とれざるを得ない。自然の妙もここに至っては筆舌に尽くしがたいものがある。

荒れ狂う海潮は、この洞窟の中に万馬が奔騰するような勢いで入ってくる。その轟音《ごうおん》は、耳をつんざくばかりである。脚下を見ると海水の波濤と渦が目に入る。はるか前方の大海を眺めると、目をさえぎるものは何もない果てしなく続く一望千里の大海なのである。

この梵音洞から日本の琉球群島はいちばん近い所にあるといわれる。昔は木造の帆船で順風にのれば、二昼夜でここから琉球に行けたという。

観音信仰の朝鮮伝播

インドに発し、中国に定着した普陀山の補陀洛迦信仰は、朝鮮半島へ渡り、広まっていった。新羅の時代には韓国江原道襄陽《ヤンヤン》郡の海岸が補陀洛迦山にちなんで洛山と名づけられた。

やがて補陀洛《ふだらく》信仰は、海を渡って日本にも伝播していった。その結果、紀州の那智山を補陀洛迦山の東門とみなすようになったり、山麓の寺院を補陀洛寺と称したり、下野《しもつけ》の日光山ももとは補陀洛山であったのが、音通によって二荒山《ふたらさん》となったりした。山形県の月山《がっさん》の谷にも東西の補陀洛があった。

またチベットではラサにポタラ（補陀落）宮殿があり、中国河北省の承徳《しょうとく》市にも補陀洛寺がある。このように補陀洛信仰は、チベット、中国、朝鮮、さらに日本までも伝播したのである。

日本の補陀洛信仰は、新羅の洛山から海を渡って伝えられ、広まっていったのだといわれる。日本仏教のふるさとといわれるのは、百済や新羅での仏教であるから、まず新羅における観音信仰について述べておこう。

洛山寺の来歴

韓国の東海岸の町、江陵《カンヌン》から東海《とうかい》(日本海)の海岸に沿って北上すると、やがて襄陽に着く。さらに進むと洛山寺《らくさんじ》に着く。この洛山寺は海岸の断崖の上に建てられた寺である。洛山寺の義湘《ぎしょう》台に立つと、東海を一望のもとに見渡すことができる。

洛山寺の本殿は円通宝殿といわれる。円通宝殿といわれるのは大悲観音を祀っているからである。円通宝殿が、この洛山寺に建てられたのにはそれなりのいわれがある。『三国遺事《さんごくいじ》』巻三によると、新羅僧義湘《ぎしょう》がはじめて唐から帰ってきたとき、このあたりの海辺の洞窟の中に観音の真身があることを聞き、この付近を、観音菩薩の住む補陀洛迦山に因《ちな》んで洛山と名づけた。

インドに発し、中国の仏教信仰の中に定着した補陀洛信仰が海を渡って日本や朝鮮半島に伝わり、かくして新羅の時代に江原道のこの断崖の海岸が、補陀洛迦山にちなんで洛山と名づけられたのであった。ただし、洛山寺が実際に開かれたのは義湘の時代よりも後の、九世紀のころであったと思われる。

洛山へ行った義湘は斎戒《さいかい》すること七日、心身ともに清らかになったところで、水上に出て座具を浮かべてひれ伏すと、仏法の守護神である天竜八部衆が現われ、義湘を導いて海岸の洞窟に連れてゆき、義湘に拝礼し、空中よりとりだした水晶でできた念珠を義湘に捧げた。義湘はこの念珠を拝受した。

八部衆ばかりでなく、東海の竜も、如意宝珠一顆《か》を義湘に献上した。義湘はこれを捧げてさらに斎戒すること七日、ついに洛山の観音がその姿を義湘の目の前に現わしたのである。義湘はついに洞窟の中で、観音菩薩の真身と相対したのであった。

観音菩薩は「この場所の山頂に二本の竹が地中から生えてこよう。その場所に仏殿を造ればよい」と告げた。これを聞いた義湘が、すぐさま洞窟を出たところ、山頂に竹が生えだしたところであった。

義湘は感激のあまり、ただちにその場所に金堂を造って、観音像を安置した。義湘が観音像を造り終わるや、二本の竹は地中にふたたび消えた。この地に建てられた寺は観音の真身が住む処として洛山寺と名づけられたという。以上が、洛山寺の名の由来として語りつがれている説話である。

義湘は天竜八部衆と海竜より授けられた二つの珠を、この洛山寺の聖殿に奉安した。観音の真身に会うことができた義湘はおおいなる歓喜に包まれて、洛山を後にした。義湘の十四日にわたる斎戒の結果、その菩提心に洛山の観音が感応したのだと言われている。

この話は後代につくられた義湘についての説話であり、歴史的事実ではない。しかし、観音が朝鮮半島の洛山に示現したという伝説があったことは、この地方で、観音が信仰されたことを示すものであろう。

海に立つ観音

この洛山寺は観音信仰の霊場であるが、義湘が巡教した場所の一つであったかもしれない。現在、断崖の上にある義湘台で義湘は坐禅したといわれるが、東海の波濤《はとう》を見ながら瞑想した義湘の胸に去来したものは何であったろうか。

義湘台のある海岸を北に進むと、岸壁の上に補陀窟と紅蓮庵がある。補陀窟は観音を祀った窟である。紅蓮庵からは下を眺めると波濤が押し寄せ、絶壁にあたって砕け散るのが見える。波しぶきの中に、観音の姿が浮かんでくるような錯覚にとらわれる。

現在この洛山寺には東洋最大といわれる高さ十七メートルの海水観音像が立っている。義湘とともに新羅仏教界で活躍した元暁《がんぎょう》（六一七―六八六）についても、観音とのかかわりを示すつぎのような話がある。

『三国遺事』巻三の「洛山二大聖・観音・正趣・調信」の条をみると、義湘の後から元暁がやってきて、真身を拝そうとして、この地を訪れた。南郊の水田を歩いてくると、一人の白衣の女が稲を刈っていた。元暁は戯れに稲穂が欲しいと頼んだ。女も戯れながら稲穂は凶作だと答えた。

元暁はさらに行き、川の流れの橋の下に至ると、一人の女性が経水で汚れた帛《ぬの》を洗っていた。咽喉の渇きを覚えた元暁が水を乞うと、女はその汚れた水を汲んで差し出した。彼は鉢に入った汚水を見て、これを捨て自ら川の水を汲んで飲んだ。

そのとき松の上に一羽の青い鳥が止まっていたが「悟った和尚よ、そんなことは止めよ！」と言い放つや、たちまち隠れて見えなくなってしまった。見ると、その松の木の下には草履の片方だけが脱ぎ捨ててあった。元暁が洛山寺に着くと、観音像の足もとに先程松の木の下で見たのと同じ草履の片方があった。

元暁は翻然と悟った。水田と橋下で遇った白衣の女人こそ観音が化生した聖女であったと。元暁はさらに真身を求めて海辺の洞窟に入ろうとしたが、にわかに風浪が騒いだため果たせず、ついにあきらめたという。

時の人々は、元暁を嘲笑した青い鳥の止まっていた松を観音松と呼んだという。

元暁は、『法華経』の注釈を『法華宗要』という本に残しているが、その中で観音については述べていない。学者や高僧は観音信仰については記録していないが、伝承や説話についての記録が『三国遺事』の中にあるので紹介しておく。

新羅の観音説話

新羅の時代にも、観音の霊験を示す説話は多く残されている。ここで、そのいくつかを見てみよう。

新羅の伝説によると、中国の天子に寵愛する女がいて、その美しさは類がなかった。天子は「古今の絵画にもこのような美人はいないであろう」といって、画工に命じてその真影を描かせた。その画工が皇帝の命令を奉じて画を完成したが、過って筆を落とし、臍《へそ》の下に赤い汚点をつけてしまった。汚点を消そうとしたが、消えなかった。画工は心の中で、赤い点はきっと生まれつきのものではないかと疑った。

完成してから画を帝に差しあげると、帝は「形は真に迫っているが臍の下の点は内に隠されているものなのに、どうしてそれがわかってそこまで描いたのか」と、激怒し獄に下し、刑罰を加えようとした。

宰相が「あの画工は心が正直な人ですからお許しください」と乞うと、帝は、「その者が賢くて正直であるというなら、私が昨夜、夢に見た人の像を描いて差し出せ。その画と夢の中の像とが一致していれば、許してやろう」と言った。画工がすぐに十一面観音の像を描いて差し出すと、帝の見た夢の中の像と一致していたので、帝は画工を赦したという。

その画工は罪が赦されると、博士の芬節《ふんせつ》と相談していった。「私の聞くところによると、新羅の国は仏法を崇信しているから、あなたと一緒に新羅に渡り、ともに仏事を修め、隣国にご利益をもたらすようにするのはよいことではなかろうか」と。そして二人は新羅に行き、衆生寺の大悲像を造った。新羅の人々がその大悲観音像を拝み、恩恵を受けることがはなはだ多かったという。

また新羅の末期、明帝に仕えていた崔殷誠《さいいんせい》は長いこと子胤《こだね》がなかったので、衆生寺の大悲観音に詣でてお祈りを捧げたところ、妻は娠《はら》んで男の子が生まれた。

ところが三月もしないうちに百済の反乱があり都がおおいに乱れた。崔殷誠は幼児を抱いてこの寺に来て、「軍兵が急に攻めてきて事態が急です。赤子が足手まといになり動けなくなっています。観音より賜った子ですので、大慈のお力で護り育ててくださり、親子が再び会うことができますようにして下さい」と涙ながらに頼んだ。

幼児に別れを告げた父親は、児を襁褓《むつき》に包み、仏像の台座の下に隠して、そこを立ち去ったのであった。

半月たつと敵兵が退去したので、お寺に戻ってわが子を探してみると、子どもは膚《はだ》が湯上がりのようにきれいで、顔もつやつやと、乳の匂いがなおも口に残っていた。喜んで抱いて帰って大事に育てた。成人すると聡明さが人に抜きんでて、後に宰相となったという。

勧進の伝説

また統和《とうわ》十年（九九二）三月に、寺主の僧、性泰《しょうたい》は観音菩薩の前に跪《ひざまず》いて「私は長い間この寺に住んで、勧行《かんぎょう》にはげみ、昼夜懈《おこた》りなく励みました。しかし寺の土地からは収穫物が少なく、お寺を維持することができないので他所《よそ》に移ろうと思って、お別れを告げにきました」と言った。その晩、うとうととしているうちに夢を見た。夢の中で観音が「法師よ、今後もこの寺に住んで離れないでくれ。私が勧進して斎供《さいく》の費用を工面しよう」と告げた。僧は眠りから覚めて、感激して、この寺に留まった。

その後十三日目に、突然二人の人が牛馬に荷を積んで届けにきた。寺僧がどこからきたのかと聞くと、「われわれは金州（今の慶尚南道金海）の者です。先日一人の比丘《びく》がきて『私は都の衆生寺に住んでいる者だが、寺に必要な物が不足しているので、勧進を乞いにきた』と言うから、施主を募って米六石と塩四石を持ってきました」と言った。

僧が「この寺からは誰も勧進を乞いに行った者はいないので、それはたぶん間違いであろう」と言うと、その村人たちは、「その比丘がわれわれを連れてこの辺りまで案内すると『お寺はすぐそこだ。私が先に行って待っていよう』というから、われわれはついてきたのです」と答えた。

寺の僧が彼らをつれて法堂に入ると、彼らは観音に礼拝して「これこそ勧進を乞いにきた比丘の像です」と、驚嘆してやまなかった。そして、その後毎年、米と塩をこの寺に納めるようになったという（『三国遺事』巻三、「三所観音・衆生寺」）。

以上のような韓国の伝説の中にも観音の恩恵は伝えられているのである。

韓国全羅南道に、月出山無為寺《つきいでさんむい》という寺がある。そこの極楽宝殿には、明代に描かれた見事な壁画があり、堂内の一部の壁面には補陀洛迦山の観音を描いたという白衣観音の見事な図像があって、民衆の中に生きる観音信仰を伝えている。
さていよいよ次章では、観音と日本人とのかかわりについて述べることにしよう。

第七章　観音と日本人

観音信仰はいつ伝来したか

これまでアジアの観音信仰を紹介してきたが、観音を厚く信仰することにおいて日本人もまた決して他の東アジアの人々に劣るものではない。

日本の観音信仰がいつ頃伝来したかということは文献的には不明である。しかし、東アジアの観音信仰の伝播の状況からみると、我が国へも、すでに古代から入っていたと思われる。

中国では北魏時代（南北朝時代の北朝の最初の国、三八六—五三四）に、すでに観音像が造られており、観音に関する経典も流行していたので、観音信仰が盛んであったと思われる。この北魏の観音信仰は三国時代（朝鮮半島に新羅、高句麗、百済の三国が鼎立《ていりつ》していた時代、四—七世紀頃）に朝鮮に伝わっている。

中国で造立された観音像が三国時代の朝鮮での造像を促し、さらにそれが七世紀の飛鳥・白鳳時代の日本へ伝来してきたのである。大化前代（大和朝廷時代末期、六、七世紀頃）以前における日本の観音信仰の伝来と造像については文献上の記載はなく、また紀年銘文がある観音像の遺品もないので、明確に何年何月に日本に伝来したということはいえない。しかし、すでに『法華経』が日本に伝来していたことは確かであるから、『法華経』の「普門品」、すなわち『観音経』も入っており、それに伴って信仰もあったものと推定できる。

中国の隋の開皇中（五八一―六〇〇）の記事によると、聖徳太子（五七四―六二二）が遣隋使を送ってきて『法華経』を求めたことが、『宋史』巻四百九十一「外国伝・日本国」に記されている。

聖徳太子は『法華経』『勝鬘《しょうまん》経』『維摩《ゆいま》経』の三経の義疏《ぎしょ》（注釈書）を撰述したといわれるので、当時、『法華経』が伝来していたことは明らかである。

また、聖徳太子は推古天皇の二年（五九三）に「篤く三宝（仏教の基本である仏・法・僧）を敬へ」という三宝興隆の詔《みことのり》を下した。奈良時代にできた我が国最古の勅撰の正史である『日本書紀』推古二年の条に、つぎのようにある。

　二年の春二月、皇太子及び大臣に詔《みことのり》して、三宝を興隆せしむ。是の時、諸臣連《もろもろのおみむらじ》等各々君親《きみおや》の恩《みめぐみ》の為に競うて仏舎を造る。すなわち是《これ》を寺と謂《い》う。

これにより寺院が多く造られたことがわかる。

『上宮聖徳法王帝説《じょうぐうしょうとくほうおうていせつ》』は、太子が建立した寺として、四天王寺、法隆寺、中宮寺、蜂岡《はちおか》寺、池後寺《いけじり》、橘寺、葛木寺《かつらぎ》の七ヵ所をあげている。中宮寺、橘寺、それに法起寺《ほっき》（池後寺）などは太子が直接建てたのではないといわれているが、太子が寺院を多く建て、仏法の興隆に意を用いたことは明らかである。

「観音の化身」聖徳太子

このように仏教を崇敬した聖徳太子を、昔から、「観音の化身」として崇敬する伝承がある。聖徳太子を観音の化身と信仰することは、太子の事績や人となりから考えて当然であるかもしれない。

聖徳太子の誕生に関しても、観音に関する伝説がある。

聖徳太子の母の夢の中に、容儀美しい金色の僧が現われ、「我は救世《くせ》の菩薩なり。しばらく后《きみ》が腹に宿らん」と言って胎内に宿られ、生まれたのが太子であり、聖徳太子は観音の化身であると伝えられているのである。

さらにまた太子がもっとも聖なる冥想の道場として、しばしばその中で三昧定《ざんまいじょう》に入り、金人から妙義を聞いたという夢殿に、太子は念持仏として救世観音像を安置したと伝えられているが、この観音は「太子等身《とうしん》の観音」として有名なものであり、後代になると太子すなわち観音として信じられるようになった。

平安朝初期から鎌倉時代にかけて出現した幾多の聖徳太子に関する伝記や文献は、すべて太子を観音として讃えている。鎌倉時代、浄土真宗の開祖となった親鸞上人《しんらんしょうにん》（一一七三―一二六二）は、『皇太子聖徳奉讃』という和讃の中で「救世《くせ》観世音大菩薩、聖徳皇《しょうとくおう》と示現して、多々《たた》（父）の如く捨てずして、阿摩《あま》（母）の如くそい給う」と詠んでいる。聖徳太子が観音の化身であるという信仰に基づいて観音信仰は、我が国の民衆に深く浸透したものと思われる。

観音信仰を伝えるもの

伝説ではなく歴史的事実としての日本における七世紀の観音信仰については、文献には明記されていないが、仏教文物によって確証できるものがある。

たとえば、法隆寺夢殿の救世観音は『天平十九年法隆寺東院資材帳』に「太子等身観世音菩薩像」と記されており、我が国初期の観音像の一つである。資材帳がつくられた天平十九年は七四七年であるが、観音像はすでに述べたように、聖徳太子が生存中に自ら夢殿に安置した観音像である。

さらに辛亥年（六五一）銘観音像（法隆寺献納宝物、東京国立博物館蔵）には紀年銘があることから、七世紀中期頃には観音像が日本において造像されたことは明らかであり、観音像が造られていたということは、観音信仰も行われていたとの証拠になる。

『観音経』と観音像の成立——奈良時代

和銅三年（七一〇）、平城遷都とともに官寺の造営と造仏事業がさかんに行われるようになった。

国家のための仏教とは、正しい経典を基本とし、それに基づいて仏像を造り、戒律を守る僧侶が正しく経典を読誦して法会を行い、また修行に励んで、国家の安寧を祈願するものである。

経典に基づいて正しく仏像が造られるようになったのは、天平七年（七三五）、玄昉《げんぼう》（？—七四六）が五千余巻の経典を中国から持ち帰り、名実ともに国家仏教（律令仏教）への体制が整うようになってからであった。

護国三部経典としてすでに前からあった『仁王経《にんのうきょう》』『法華経』に加えて、奈良時代の三論《さんろん》宗の僧道慈《どうじ》（？—七四四）が、唐から持ち帰ってきた新訳の『金光明《こんこうみょう》最勝王経《さいしょうおうきょう》』が、旧訳の『金光明経』に代わって三部経に採用され、官僧による転読、誦経がさかんに行われるようになった。

国家安寧の祈禱《きとう》を行う重要な経典の一つが『法華経』であったため、その『法華経』の中の「観世音普門品」も人々に広く知られるようになり、この「観世音菩薩普門品」が独立した経典として流行し、現世利益を叶え、苦難を救ってくれる『観音経』として広く書写され、読誦されたのである。

たとえば『日本書紀』巻二十九の朱鳥元年（六八六）七月の条には、天武天皇（六七三―六八六在位）の病気平愈を祈ったという次のような記述がある。

　この月に、諸王臣等《もろもろのおおきみまえつきみたち》、天皇《すめらみこと》の為《おおみため》に、観世音像《かんぜおんのみかた》を造《つく》る。すなわち観世音経《かんぜおんきよう》を大《だい》官大寺《かんだいじ》に説かしむ。

天皇のために観音像が造られ、また『観世音経』を大官大寺《だいかんだいじ》において誦経させられたのである。さらにその年の八月には、つぎのようにある。

　庚午《かのえうまのひ》に、僧尼《ほうしあま》并《あわせ》て一百《ももたり》を度《いえで》せしむ。因《よ》りて、百《ももはしら》の菩薩を宮中《みやのうち》に坐《す》えて、観世音経二百巻《ふたももまき》を読ましむ。

僧尼百人を出家させ、百体の観音の画像、または造像を安置して、『観世音経』二百巻を読誦させたというのである。二百巻ということは二百回にわたって読誦させたことになる。

観音像の造立と『観音経』の読誦および書写は、奈良朝になってもさかんに行われた。聖武天皇の天平十二年（七四〇）には、百姓《ひやくせい》の平安を願って、国別に、高さ七尺の観音像を造立し、『観世音経』十巻を書写させた（『続日本紀《しよくにほんぎ》』巻十三）という。

護国のための仏教

さらに、観音像の造立については、同じく聖武天皇の神亀五年（七二八）八月に、皇太子の病の平愈を祈願し、観音像百七十七体を敬造し、『観音経』百七十七巻を写経させたという。百七十七体の観音像といえばたいへんな数であり、観音像を造立することが、病気平愈などの現世利益、百姓の平安、国家安寧のために流行したことを示している（同巻十）。

このような大規模の観音像の造像は、白鳳期とは比較にならないほど多くなり、奈良朝における観音信仰の高まりを知ることができる。ただし、それは民衆レベルのものではなく、朝廷を中心とした国家仏教レベルのものであった。観音もまた、護国的菩薩として受け入れられていたのである。

天平十二年（七四〇）、宮中で権力をにぎっていた玄昉《げんぼう》の追放をとなえて、藤原広嗣《ひろつぐ》が九州で挙兵すると、朝廷は国ごとに高さ七尺の観音像を造り、『観世音経』十巻を書写させて、反乱の鎮圧を願った（同巻十三）。これはおそらく唐で密教を学んだ玄昉の発案によると思われるが、玄昉の失脚後も、観音の護国的な霊験に対する朝廷の期待は変わらなかった。

その後も橘奈良麻呂《たちばなのならまろ》の乱や県犬養姉女《あがたいぬかいのあねめ》の陰謀などのさまざまな反乱や事件が起こると、天皇は、反乱や陰謀を未然に防げたのは盧舎那《るしゃな》仏や観世音、四天王の「不可思議な威神力」によるものだと詔書をもって宣《の》べている。ここにおいて観音は、東大寺の盧舎那仏（大仏）や四天王と同じような鎮護国家の利益をもたらす仏像として受け入れられたのである。奈良時代には、観音は、国家を転覆しようとする敵から国を護る護国の菩薩として信仰されたのであった。

前に述べたように『観音経』（法華経普門品）は、観音が人々の願いに応じて三十三身に姿を変えて救いを求める人々の前に現われることを説いているが、観音という菩薩の中には、さまざまな変化身（三十三身）が内在していた。だからこそ、人々の願いに応じて臨機応変に多くの変化身が尊像として造型化されるようになったのである。そのため観音の造像も多様な展開をするようになったが、それに拍車をかけたのが、唐代の仏教の密教化であった。

留学僧の役割

当時、唐に派遣された留学僧によって密教化された観音が日本に伝えられたことが、奈良時代の多様な観音の造像に拍車をかけたと思われる。その中でもとくに大きな役割をになったのが、先に述べた、留学僧の玄昉と道慈であった。かれらは唐から帰国する際に、多くの経典を持ち帰ったが、その経典の中に多様な観音の造像を説いた経典があったのである。

ことに天平七年（七三五）に帰国した玄昉が、唐の代表的な経典目録である『開元釈教録《かいげんしやっきょうろく》』にもとづいて請来《しょうらい》した経典の中には、変化観音と称される十一面観音や不空羂索《ふくうけんじやく》観音、千手観音、如意輪《にょいりん》観音などに関係のある密教の経典が含まれていた。そのため天平年間（七二九―七四八）を境にして多様な観音像が造られるようになった。それらの変化観音は、後の日本人の心の中に深く投影され、多くの信仰者を生むことになったのである。

それでは、奈良時代には具体的にどのような観音が造像され、崇拝の対象とされたのであろうか。まず千手観音像について考えてみよう。

変化観音の由来

我が国では天平七年（七三五）の玄昉の帰朝以後に初めて千手観音像が造られたといわれている。天平十三年（七四一）の『玄昉発願経《ほつがんきょう》』の残巻（京都国立博物館蔵）の奥書によると、この年、『千手千眼陀羅尼経』千巻の書写が行われ、聖寿の無窮と、天下万民の安寧を願ったという。

当時の千手観音像としては、奈良西ノ京の唐招提寺の千手観音菩薩立像をあげることができる。その木心乾漆造の巨像は、千手を持つ造形であり、経典の解釈がそのまま形象として表現されている。千手観音はその千の手で、広大無辺の慈悲を施すとされたため多くの人々の尊崇を受け、後の西国三十三所の観音霊場のうち、ほぼ半数の寺院が千手観音を祀っており、千手観音がいかに盛行したかがわかる。

また、京都の三十三間堂として有名な蓮華王院本堂には一千一体の千手観音が祀られている。建長元年（一二四九）の火災後の復興には仏師湛慶《たんけい》がかかわり、とくに中尊の千手観音坐像は湛慶作といわれる傑作である。

十一面観音の代表作としては、奈良の法華寺の十一面観音菩薩立像が有名であり、聖武天皇の皇后であった光明皇后の姿を写したものといわれている。

そのほか、奈良聖林寺の十一面観音は天平期のものといわれ、近江地方や若狭をはじめ全国各地に散在している十一面観音像が造られた年代は、奈良・平安から鎌倉時代におよぶものであるといわれる。

そのほかの観音としては、不空羂索観音や如意輪観音などが造像された。不空羂索観音の

如意輪観音像　像高109.4cm、台座高108.5cm。六臂（手が6本）の彫像。平安時代（9世紀）。国宝。観心寺所蔵。

代表的なものは、奈良東大寺の法華堂の一面三目八臂像が有名である。多数の宝石で飾られた宝冠を戴いている。造立は東大寺で初めて法華会《ほっけえ》が行われた天平二十年（七四八）ごろと考えられている。奈良興福寺の南円堂の本尊の不空羂索観音も天平十八年（七四六）に造られたものであったが、治承の兵火に焼かれ、現在のものは鎌倉期の康慶《こうけい》作のものである。

如意輪観音は道鏡（？―七七二）と密接な関係にあった。ちなみに、道鏡が接近した孝謙天皇（称徳天皇）の念持仏は、如意輪観音像であったといわれる。大阪観心寺にある如意輪観音像は、空海の密教の流れをくむ彫像といわれ、豊満華麗でなまめかしくさえあるが、九世紀の作といわれている。

九州福岡の観世音寺には、延喜五年（九〇五）の『観世音寺資材帳』に記載された四面三目八臂の馬頭観音像がある。

なお、奈良の大安寺には天平期のものとされる楊柳観音像がある。唐から帰朝した留学僧道慈ゆかりの観音像とされ、檜《ひのき》の一木造りで、忿怒の形相をしており、楊柳観音の名称は後世つけられたといわれる。

このように主として奈良時代の八世紀には「普門品」の観音から多くの変化観音像が造られ、信仰されていったのである。

六観音の成立と展開――平安時代

六観音とは、地獄、餓鬼、畜生、修羅、人間、天の六道の救主とされる六体の観音のことである。大悲、大慈、師子無畏《ししむい》、大光普照《だいこうふしょう》、天人丈夫《てんにんじょうぶ》、大梵深音《だいぼんじんのん》の六観音をいうが、一般に台密（天台宗の密教）では順に、聖《しょう》観音、千手観音、馬頭観音、十一面観音、不空羂索観音、如意輪観音の六観音とする。東密（空海の真言宗の密教）では、不空羂索観音の代わりに准胝《じゅんでい》観音とする。以上の台密、東密の観音を合わせて七観音ともいう。

六観音の起こりは文献的には、天台大師の著書『摩訶止観《まかしかん》』（巻二上）の記述に基づくとされる。

六字の章句陀羅尼《だらに》はよく煩悩障《ぼんのうしょう》を破し、三毒の根を浄《きよ》め、仏道を成ずること疑なし。
六字とは六観世音なり、能《よ》く六道の三障を破す。
大悲観世音は地獄道の三障を破す。
大慈観世音は餓鬼道の三障を破す。
師子無畏観世音は畜生道の三障を破す。
大光普照観世音は阿修羅道の三障を破す。
天人丈夫観世音は人道の三障を破す。
大梵深音観世音は天道の三障を破す。

この記事にみられるように、六道輪廻の苦しみを救ってくれるのが六観音なのである。

六観音信仰

このように『摩訶止観』が説く六道抜苦《ばっく》（苦しみを抜く）の説をもとに地獄、餓鬼、畜生、修羅、人、天の六道輪廻の苦を救う観音として止観六観音が提唱されたのであるが、現実にはこの止観六観音の形を伝える造像は存在しない。

日本における六観音の造像として流行したのは真言六観音である。

真言六観音とは、平安中期の真言宗の僧で、小野流の祖仁海《にんがい》（九五一―一〇四六）がはじめたものといわれる。小野流では大悲観音は聖観音の変化身で地獄道を救い、大慈観音は千手の変化で餓鬼道を、師子無畏観音は馬頭の変化であり畜生道を、大光普照観音は十一面の変化身で阿修羅道を、天人丈夫観音は准胝仏母で人道を、大梵深音観音は如意輪の変化身で天道を救うと説いた。これが後世のいわゆる六観音説の始まりといわれる。その特色は准胝仏母を観音としてとりあげたところにある。

このような六観音信仰は、当時の貴族社会にも広く受け入れられた。平安朝以来、六観音の造立も流行し、万寿元年（一〇二四）六月、藤原道長は法成寺薬師堂に七仏薬師とともに六観音を供養した（『薬師堂供養記』）という。また長暦四年（一〇四〇）十月、藤原頼道の夫人が円城寺安楽堂に、等身の六観音を供養した（『円城寺堂社便覧』）という。

そのほか六観音造立供養の記事はいろいろな文献に出てくるといわれる。六観音信仰は、民間にも流布して霊山聖地の岩壁や路傍などに六観音の石像が安置されるようになった。

個人を救う観音へ

平安時代には、没落した貴族や民衆の間に、六道輪廻の思想や地獄思想が浸透するとともに、厭離穢土《おんりえど》、欣求浄土《ごんぐじょうど》、六道輪廻抜苦の欲求が高まり、観音は、現世利益的性格だけでなく、来世的な救苦的性格を持つようなものとして信奉されるようになった。こうして、十世紀の貴族社会に六観音の思想が定着し広まったのである。

奈良時代には、観音は国家安寧という護国的な役割を果たすために信仰されたが、平安時代になると六道に迷う亡者を救い、浄土に導こうとする個人的来世的信仰として信奉されるようになった。

そして、一般民衆の参詣や巡礼の対象として観音霊場がつくられていったのも平安時代と考えられる。平安期にさかんであった熊野詣は観音信仰と深い関係があるとされるが、西国三十三所観音巡礼の起源も平安時代である。三十三の数は、観音の三十三応身に由来するが、西国巡礼の霊場は近畿地方に集中している。後に述べるように西国巡礼の始祖は徳道上人《とくどうしょうにん》、中興したのは花山《かざん》法皇（九八四—九八六天皇在位）とされるが、実際には平安朝の中頃ではないかといわれている。

その後、鎌倉時代の武士階層にも多くの観音信者を生んだ。さらに鎌倉から室町時代にかけて、観音信仰は民衆化し、西国巡礼にならった観音霊場巡礼が全国にもできるようになり、坂東《ばんどう》観音霊場、秩父観音霊場が成立した。秩父観音霊場はとくに三十四ヵ所とし、坂東、西国と合わせて百観音巡礼と呼ばれている。

観音札所《ふだしょ》の成立

巡礼思想はその由来するところはきわめて古い。もちろん日本人に限られた思想ではなく、インドおよび中国においても古くから行われ、それが日本に伝来したのである。僧侶のみならず、一般の信徒もまた、諸国の霊場を巡拝したのである。平安朝より鎌倉時代にかけ、こうした人々の群は、深山に分け入り、花野をよぎり、巡礼の姿はいたるところに見られたという。

戦国時代に入って、戦乱で交通の危険が多くなったため、巡礼は一時期衰退したが、徳川時代になると、庶民の間に起こった観音信仰熱とともに、廻国《かいこく》巡礼は、信仰の証しとされるようになり、笈《きゅう》（竹製の折箱）を負い杖を曳《ひ》き、観音の霊験を受ける巡礼が流行するようになった。

西国三十三所霊場は、花山法皇の巡拝からはじまったといわれるが、三十三所観音巡礼自体は、すでにその以前から行われていたことから、それ以前に、先に述べたように徳道上人によって創始されていたのではないかといわれている。

大和国長谷寺《はせ》の開山徳道上人は、養老二年この世を去り冥土へ赴くと、焔魔《えんま》大王に迎えられ「汝が住む日本には観音浄土というべき霊場が三十三ヵ所ある。しかるに衆生はこの霊場のあることを知らないので巡礼の心も起こさず、善根をなす術も知らずにいる。汝は、観音浄土三十三所の霊場を世に弘《ひろ》め、巡礼の心を起こさせるならば、衆生は悪道をのがれて善所に生まれることができる。三十三所巡礼の功徳はこの通りであるので、これを汝の力によって広めさせたい」と言われ、娑婆に送り返してもらうことができた。蘇生した上人は、あまたの道俗を引き連れて、三十三所巡礼の先達《せんだつ》となったという。

もちろんこれは伝説であるが、上人の観音信仰が一因となったことは、理解できよう。

花山法皇

三十三ヵ所の観音霊場を開いたのは先に述べた花山法皇である。法皇は十七歳で天皇位についたが、十九歳で出家して花山法皇となった。

大和の長谷寺に行幸した花山法皇は、得度の戒師を求めると、法皇の発心に感応してか観音のお告げがあり、河内国《かわちのくに》石川寺の仏眼《ぶつげん》上人が戒師にふさわしいと言われ、さらに石川寺に行き、得度授戒を受けたのであった。

法皇が仏眼上人に最善の報謝は何がよいかと聞かれたところ、上人は、「今より二百七十年前、徳道上人によって創められた三十三所巡礼を再興なさることこそもっとも勝《すぐ》れたご浄行です」と奉答したという。

法皇は播州書写山《ばんしゅうしょしゃざん》に行幸し、性空《しょうくう》上人につき観音巡礼の功徳を讃えてから、いよいよ巡礼再興の誓願を立て、仏眼上人を導師に、性空上人、中山寺の弁光僧正らをお伴にして永延二年（九八八）三月に巡礼に発足したという。

まず熊野権現に参り、那智山に詣で、一ヵ所一首の御詠歌を作って納めながら、紀三井寺、粉河《こかわ》寺に参籠し、河内《かわち》、和泉《いずみ》、大和《やまと》、山城《やましろ》、丹波《たんば》、摂津《せつつ》、播磨《はりま》、丹後《たんご》、近江《おうみ》と、順次に修行を重ね、同年秋、美濃《みの》の谷汲山《たにぐみさん》に打ち納めた。

花山法皇のおよそ百八十年後の承安（一一七一—七四）の年、後白河法皇も、千有余人を召し連れて、花山法皇の事蹟を、一斉にご詠歌を唱えつつ巡礼した。

霊場が三十三ヵ所に限ってあるのはすでに述べたように『法華経普門品』の三十三応現に因んだものである。鎌倉初期にはすでに三十三所の称呼があるといわれているから、三十三所の定め方があったのかも知れない。

東国の人たちが巡礼する場合、まず第一に目指したのは伊勢神宮であり、それから熊野路を経て那智山に出るのが順序であり、ついで紀伊、和泉、河内、山城、丹波、摂津、播磨、丹後、近江と廻り、最後に美濃に詣でるのが東国に帰る都合のよい道順となっている。これらの人々によって言いならわされ、西国巡りの言葉がいつか三十三所の上に冠されて、西国三十三所の名が定着したのであろう。

鈴木正三《しょうさん》の教え

江戸時代のはじめ、観音を信仰し、西国三十三所を巡礼することの大切さと、その心がけを説いたのが鈴木正三《しょうさん》（徳川二代将軍の頃、武士から禅者になった）であった。

その心得を要約すると、（一）行脚の間はひたすら観音を信仰すること、（二）観音を念じ、観音とともに巡礼すること、（三）観音を常に念じ、数珠を持ち、経を読みながら巡礼すること、（四）一堂ごとに観音経三十三巻ずつ読誦すること、（五）一堂ごとに観音経一巻を書写することが、大切であるという。

このように『観音経』を読誦し、書写し、観音を一心に念じて西国三十三所を巡拝すれば必ず観音はその人を守護してくれるという功徳が説かれており、この正三の教えのように、多くの人々が西国三十三所を巡礼したことがわかる。

観音霊場は現在全国各地にあり、観音を信仰する人々の巡拝を集めている。

筆者の周りを見廻しても、亡き子や、亡き伴侶の菩提を弔って霊場巡礼を続けている人がおおぜいいる。東京の浅草観音にも香華の煙が絶えないし、高崎には高崎観音、大船には大船観音の大きな造像がある。山を歩けば観音の石仏に出会うし、念持仏に観音像を祀る人も多い。特定の宗教をもたない民族といわれる日本人だが、われわれの心の奥には深く広く水脈のように時代を越えてインドに発した観音の面影と信仰が流れつづけているのではなかろうか。インドに発した観音信仰が中央アジアや南海を経て中国に伝えられ、さらに中国人の現世利益の願いをかなえてくれる菩薩としてさまざまな観音が生まれ、それらの観音は朝鮮や日本にも伝えられ、我が国においても多くの信仰者を生み、人々の心に生き続けているのである。

おわりに

白手甲《しろてこう》に白脚絆《しろきやはん》、白衣姿《びやくえすがた》の清らかな影が、林を抜け野を過《よぎ》り、金剛杖《こんごうづえ》で調子をとりながら、御詠歌《ごえいか》に合わせて、急ぐでもなく、急がぬでもなく、一歩一歩脚を運んで行く姿は懐かしい回想であるが、現在ではこの、絵巻に見るような巡礼姿が少なくなったのは淋しい。しかし、現在でもバスやタクシーを乗りつぎながら観音霊場を訪れる人は多い。観音を信仰する庶民の心は、昔も今も変わりがないのである。

このように庶民にいちばんよく信仰されている仏さんが観音なのであり、観音の名前を知らない人はほとんどないといってよい。しかし、観音とはどのような仏さまであり、どの経典に説かれており、いつ頃から人々に信仰されてきたのか、ということになると、ほとんどの人がよくは知らないのである。

仏教をかなり勉強した人でも、観音信仰の歴史的変遷ということになると、不透明な点が多く、観音のきた道は茫漠とした闇の中に包まれてしまうのである。

仏教書のコーナーを設けている書店を訪れると、『観音経講話』（拙著、講談社学術文庫）のような、『観音経』に関する本はいくつか見かけるが、観音信仰の歴史を説いた本は少ない。

本書をあえて『観音のきた道』と名づけたのは、インドで成立し、中央アジアを経て中国に伝わり、さらに朝鮮半島を経て日本に伝えられた観音の足跡を明らかにするためである。読者が本書によって東アジアにおける観音信仰の広がりを理解して下されば幸いである。

筆者は、昔『観音経』の内容に大きな興味を持ったが、台湾、香港、東南アジアの華人社会の仏教の実態調査を行うようになると、仏教の寺院にも、道教の廟にも観音が祀られていることに気がつき、観音信仰の広がりと深さに注目し、観音の歴史的展開について関心を抱くようになった。

このたび、本書を執筆するにあたって多くの文献を参照したが、現在、入手できるものとして次の文献をあげておきたい。

・速水侑『観音信仰』（塙書房、昭和四五年）
・同『観音・地蔵・不動』（講談社現代新書、平成八年）
・西国札所会編・佐和隆研著『西国巡礼——三十三所観音めぐり』〔改訂版〕（社会思想社、昭和六三年）
・真野俊和編『講座日本の巡礼』全三巻（雄山閣、平成八年）

本書をこのような形で刊行できるようになったのは、まず本書の執筆を強く慫慂《しょうよう》された当時の講談社学芸図書第一出版部の渡部佳延氏のおかげである。同氏に対して深く感謝を申し上げます。また、本書の送稿、その他の労をとられた同出版部の堀沢加奈氏、ならびに本書の原稿を浄書して下さった中国仏教文化研究会の赤津靖子氏に対して、厚く御礼申し上げます。

鎌田茂雄

平成八年十一月一日

西国霊場三十三所

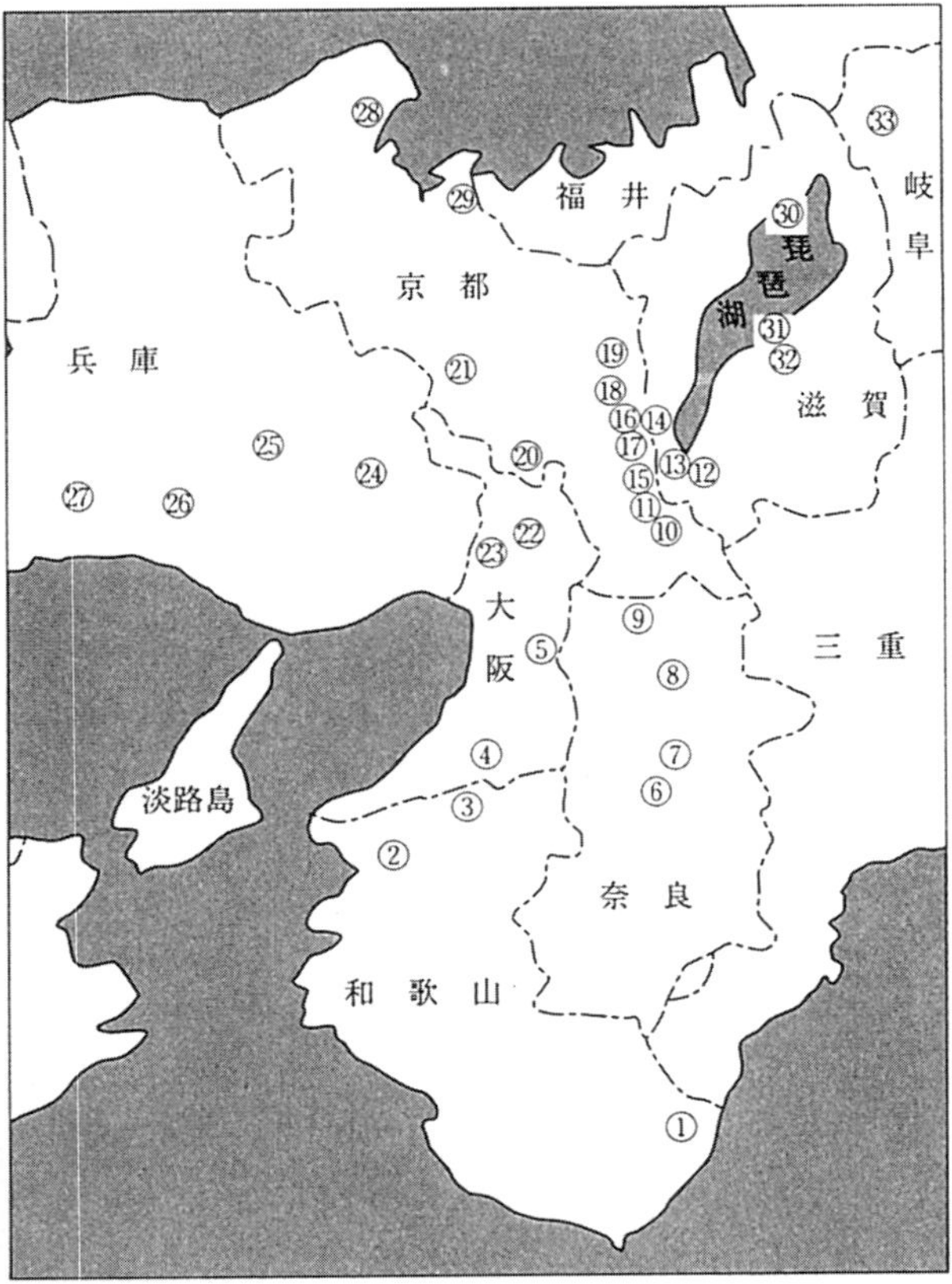

㉘
㉙
福　井
㉝
岐
阜
㉚
琵
琶
湖
京　都
㉛
㉜
⑲
兵　庫
㉑
⑱
⑯⑭
滋　賀
㉕
⑰
⑳
⑬⑫
㉔
⑮
㉗
㉖
⑪
⑩
㉒
㉓
大
阪
⑨
三　重
⑤
⑧
④
⑦
⑥
淡路島
③
②
奈　良
和　歌　山
①

順番	名称（山号・寺名）	所在地	本尊
①	那智山青岸渡寺	和歌山県東牟婁郡	如意輪観音
②	紀三井山金剛宝寺	和歌山県和歌山市	十一面観音
③	風猛山粉河寺	和歌山県紀の川市	千手観音
④	槙尾山施福寺	大阪府和泉市	十一面千手観音
⑤	紫雲山葛井寺	大阪府藤井寺市	千手観音
⑥	壺坂山南法華寺	奈良県高市郡	千手観音
⑦	東光山竜蓋寺（岡寺）	奈良県高市郡	如意輪観音
⑧	豊山長谷寺	奈良県桜井市	十一面観音
⑨	興福寺南円堂	奈良県奈良市	不空羂索観音
⑩	明星山三室戸寺	京都府宇治市	千手観音
⑪	深雪山醍醐寺	京都府京都市	准胝観音
⑫	岩間山正法寺	滋賀県大津市	千手観音
⑬	石光山石山寺	滋賀県大津市	如意輪観音
⑭	長等山三井寺	滋賀県大津市	如意輪観音
⑮	新那智山観音寺	京都府京都市	十一面観音
⑯	音羽山清水寺	京都府京都市	十一面観音
⑰	補陀洛山六波羅蜜寺	京都府京都市	十一面観音

順番	名称（山号・寺名）	所在地	本尊
⑱	紫雲山頂法寺	京都府京都市	如意輪観音
⑲	霊麀山行願寺	京都府京都市	千手観音
⑳	西山善峰寺	京都府京都市	千手観音
㉑	菩提山穴太寺	京都府亀岡市	聖観音
㉒	補陀洛山総持寺	大阪府茨木市	千手観音
㉓	応頂山勝尾寺	大阪府箕面市	十一面千手観音
㉔	紫雲山中山寺	兵庫県宝塚市	十一面観音
㉕	御嶽山清水寺	兵庫県加東市	十一面千手観音
㉖	法華山一乗寺	兵庫県加西市	聖観音
㉗	書写山円教寺	兵庫県姫路市	如意輪観音
㉘	成相山成相寺	京都府宮津市	聖観音
㉙	青葉山松尾寺	京都府舞鶴市	馬頭観音
㉚	巌金山宝厳寺	滋賀県長浜市	千手観音
㉛	姨綺耶山長命寺	滋賀県近江八幡市	十一面観音
㉜	繖山観音正寺	滋賀県近江八幡市	千手観音
㉝	谷汲山華厳寺	岐阜県揖斐郡	十一面観音

坂東霊場三十三所

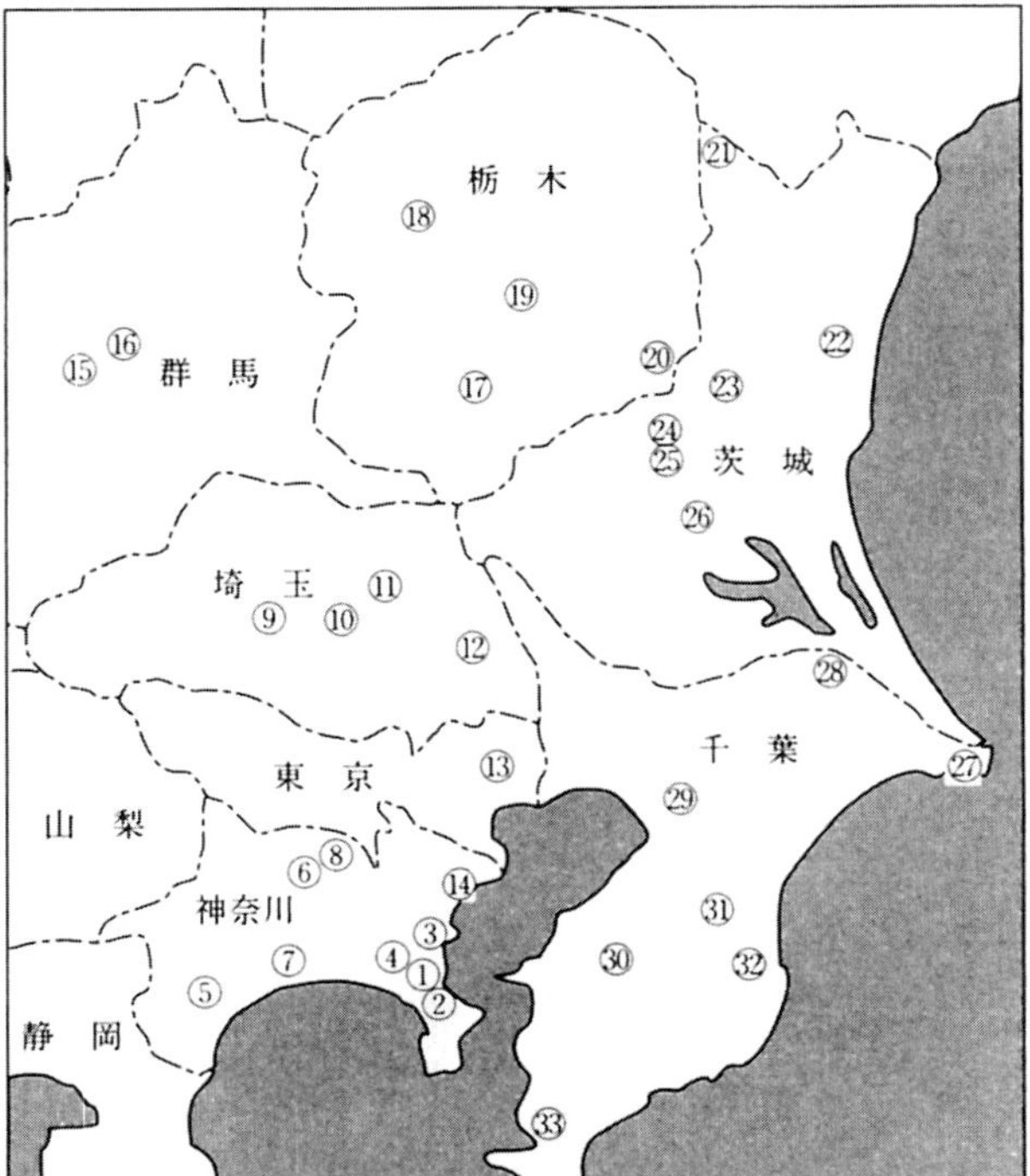

栃木
群馬
茨城
埼玉
東京
千葉
山梨
神奈川
静岡
①
②
③
④
⑤
⑥
⑦
⑧
⑨
⑩
⑪
⑫
⑬
⑭
⑮
⑯
⑰
⑱
⑲
⑳
㉑
㉒
㉓
㉔
㉕
㉖
㉗
㉘
㉙
㉚
㉛
㉜
㉝

順番	名称（山号・寺名）	所在地	本尊
①	大蔵山杉本寺	神奈川県鎌倉市	十一面観音
②	海雲山岩殿寺	神奈川県逗子市	十一面観音
③	祇園山安養院	神奈川県鎌倉市	千手観音
④	海光山長谷寺	神奈川県鎌倉市	十一面観音
⑤	飯泉山勝福寺	神奈川県小田原市	十一面観音
⑥	飯上山長谷寺	神奈川県厚木市	十一面観音
⑦	金目山光明寺	神奈川県平塚市	聖観音
⑧	妙法山星谷寺	神奈川県座間市	聖観音
⑨	都幾山慈光寺	埼玉県比企郡	千手観音
⑩	巖殿山正法寺	埼玉県東松山市	千手観音
⑪	岩殿山安楽寺	埼玉県比企郡	聖観音
⑫	華林山慈恩寺	埼玉県さいたま市	千手観音
⑬	金竜山浅草寺	東京都台東区	聖観音
⑭	瑞応山弘明寺	神奈川県横浜市	十一面観音
⑮	白岩山長谷寺	群馬県高崎市	十一面観音
⑯	五徳山水沢寺	群馬県渋川市	千手観音
⑰	出流山満願寺	栃木県栃木市	千手観音
⑱	補陀洛山中禅寺	栃木県日光市	千手観音
⑲	天開山大谷寺	栃木県宇都宮市	千手観音
⑳	独鈷山西明寺	栃木県芳賀郡	十一面観音
㉑	八溝山日輪寺	茨城県久慈郡	十一面観音
㉒	妙福山佐竹寺	茨城県常陸太田市	十一面観音
㉓	佐白山観世音寺	茨城県笠間市	十一面千手観音
㉔	雨引山楽法寺	茨城県桜川市	延命観音
㉕	筑波山大御堂	茨城県つくば市	千手観音
㉖	南明山清滝寺	茨城県土浦市	聖観音
㉗	飯沼山円福寺	千葉県銚子市	十一面観音
㉘	滑河山竜正院	千葉県成田市	十一面観音
㉙	海上山千葉寺	千葉県千葉市	十一面観音
㉚	平野山高蔵寺	千葉県木更津市	聖観音
㉛	大悲山笠森寺	千葉県長生郡	十一面観音
㉜	音羽山清水寺	千葉県いすみ市	十一面千手観音
㉝	補陀洛山那古寺	千葉県館山市	千手観音

秩父霊場三十四所

順番	名称（山号・寺名）	所在地	本尊
①	誦経山四萬部寺	秩父市栃谷	聖観音
②	大棚山真福寺	秩父市山田	聖観音
③	岩本山常泉寺	秩父市山田	聖観音
④	高谷山金昌寺	秩父市山田	十一面観音
⑤	小川山語歌堂	秩父郡横瀬町	准胝観音
⑥	向陽山卜雲寺	秩父郡横瀬町	聖観音
⑦	青苔山法長寺	秩父郡横瀬町	十一面観音
⑧	清泰山西善寺	秩父郡横瀬町	十一面観音
⑨	明星山明智寺	秩父郡横瀬町	如意輪観音
⑩	万松山大慈寺	秩父郡横瀬町	聖観音
⑪	南石山常楽寺	秩父市熊木町	十一面観音
⑫	仏道山野坂寺	秩父市野坂町	聖観音
⑬	旗下山慈眼寺	秩父市東町	聖観音
⑭	長岳山今宮坊	秩父市中町	聖観音
⑮	母巣山少林寺	秩父市番場町	十一面観音
⑯	無量山西光寺	秩父市中村町	千手観音
⑰	実正山定林寺	秩父市桜木町	十一面観音

順番	名称（山号・寺名）	所在地	本尊
⑱	白道山神門寺	秩父市下宮地町	聖観音
⑲	飛淵山龍石寺	秩父市大畑町	千手観音
⑳	法王山岩之上堂	秩父市寺尾	聖観音
㉑	要光山観音寺	秩父市寺尾	聖観音
㉒	華台山童子堂	秩父市寺尾	聖観音
㉓	松風山音楽寺	秩父市寺尾	聖観音
㉔	光智山法泉寺	秩父市別所	聖観音
㉕	岩谷山久昌寺	秩父市久那	聖観音
㉖	万松山円融寺	秩父市下影森	聖観音
㉗	竜河山大淵寺	秩父市上影森	聖観音
㉘	石龍山橋立堂	秩父市上影森	馬頭観音
㉙	笹戸山長泉院	秩父市荒川上田野	聖観音
㉚	瑞竜山法雲寺	秩父市荒川白久	如意輪観音
㉛	鷲窟山観音院	秩父郡小鹿野町	聖観音
㉜	般若山法性寺	秩父郡小鹿野町	聖観音
㉝	延命山菊水寺	秩父市下吉田	聖観音
㉞	日沢山水潜寺	秩父郡皆野町	千手観音

KODANSHA

本書の原本は、一九九七年、講談社現代新書より
『観音のきた道』の書名で刊行されました。

鎌田茂雄（かまた　しげお）

1927-2001年。駒沢大学仏教学部卒業，東京大学大学院博士課程修了。東京大学名誉教授，国際仏教学大学院大学教授。専攻は中国・朝鮮仏教史。学士院賞受賞。著書に『中国仏教史』『朝鮮仏教史』，講談社学術文庫に『仏陀の観たもの』『禅とはなにか』『八宗綱要』『五輪書』『般若心経講話』『華厳の思想』『正法眼蔵随聞記講話』『維摩経講話』『観音経講話』『法華教を読む』など。

講談社学術文庫

定価はカバーに表示してあります。

観音《かんのん》さま

鎌田《かまた》茂雄《しげお》

2018年11月９日　第１刷発行
2025年４月16日　第４刷発行

発行者　篠木和久
発行所　株式会社講談社
東京都文京区音羽 2-12-21 〒112-8001
電話　編集（03）5395-3512
販売（03）5395-5817
業務（03）5395-3615

装　幀　蟹江征治
印　刷　株式会社広済堂ネクスト
製　本　株式会社国宝社
本文データ制作　講談社デジタル製作

ISBN978-4-06-513728-4

「講談社学術文庫」の刊行に当たって

これは、学術をポケットに入れることをモットーとして生まれた文庫である。学術は少年の心を養い、成年の心を満たす。その学術がポケットにはいる形で、万人のものになることは、生涯教育をうたう現代の理想である。

こうした考え方は、学術を巨大な城のように見る世間の常識に反するかもしれない。また、一部の人たちからは、学術の権威をおとすものと非難されるかもしれない。しかし、それはいずれも学術の新しい在り方を解しないものといわざるをえない。

学術は、まず魔術への挑戦から始まった。やがて、いわゆる常識をつぎつぎに改めていった。学術の権威は、幾百年、幾千年にわたる、苦しい戦いの成果である。こうしてきずきあげられた城が、一見して近づきがたいものにうつるのは、そのためである。しかし、学術の権威を、その形の上だけで判断してはならない。その生成のあとをかえりみれば、その根は常に人々の生活の中にあった。学術が大きな力たりうるのはそのためであって、生活をはなれた学術は、どこにもない。

開かれた社会といわれる現代にとって、これはまったく自明である。生活と学術との間に、もし距離があるとすれば、何をおいてもこれを埋めねばならない。もしこの距離が形の上の迷信からきているとすれば、その迷信をうち破らねばならぬ。

学術文庫は、内外の迷信を打破し、学術のために新しい天地をひらく意図をもって生まれた。文庫という小さい形と、学術という壮大な城とが、完全に両立するためには、なおいくらかの時を必要とするであろう。しかし、学術をポケットにした社会が、人間の生活にとってより豊かな社会であることは、たしかである。そうした社会の実現のために、文庫の世界に新しいジャンルを加えることができれば幸いである。

一九七六年六月

野間省一

宗教

鎌田茂雄著
仏陀の観《み》たもの
仏教は一体どんな宗教であり、どういう教えを説いてきたのだろうか。本書は難解な仏教の世界をその基本構造から説き起こし、仏教の今日的な存在意義を明らかにする。只今を生きる人のための仏教入門書。

174

増谷文雄《ますたにふみお》著
釈尊のさとり
長年に亘って釈尊の本当の姿を求めつづけた著者は、ついに釈尊の菩提樹下の大覚成就、すなわち「さとり」こそ直観であったという結論を導き出した。釈尊の真実の姿を説き明かした仏教入門の白眉の書。

344

鎌田茂雄著
禅とはなにか
禅に関心をよせる人は多い。だが、禅を理解することは難しい。本書は、著者自らの禅修行の体験を踏まえ、禅の思想や禅者の生き方、また禅を現代にどう生かすか等々、禅の全てについて分りやすく説く。

409

梅原　猛著（解説・宮坂宥勝）
空海の思想について
「大師は空海にとられ」といわれるように、宗派を越え、一般庶民大衆に尊崇されてきた空海であったが、その思想は難解さの故に敬遠されてきた。本書はその空海の思想に真向から肉薄した意欲作である。

460

高橋保行著
ギリシャ正教
今なおキリスト教本来の伝統を保持しているギリシャ正教。その全貌が初めて明らかにされるとともに、キリスト教は西洋のものとする通念を排し、西洋のキリスト教とその文化の源泉をも問い直す注目の書。

500

内村鑑三著（解説・山本七平）
キリスト教問答
近代日本を代表するキリスト教思想家内村鑑三が、信仰と人生を語る名著。「来世は有るや無きや」などキリスト教の八つの基本問題に対して、はぎれよく簡明に答えるとともに、人生の指針を与えてくれる。

531

宗教

神の慰めの書
M・エックハルト著／相原信作訳（解説・上田閑照）

「脱却して自由」「我が苦悩こそ神なれ、神こそ我が苦悩なれ」と好んで語る中世ドイツの神秘思想家エックハルトが、己れの信ずるところを余すところなく説いた不朽の名著。格調高い名訳で、神の本質に迫る。

690

禅と日本文化
柳田聖山《せいざん》著

禅とは何か。禅が日本人の心と文化に及ぼした影響、またその今日的課題とは何か。これら禅の基本的テーゼが明快に説かれるとともに、禅からの問いかけとして〈現代〉への根本的な問題が提起されている。

707

参禅入門
大森曹玄《そうげん》著（解説・寺山旦中）

禅を学ぶには理論や思想も必要であるが、実践的には直接正師につくことが第一である。本書は「わが修道の記録」と自任する著者が、みずからの体験に照らして整然と体系化した文字禅の代表的な指南書。

717

般若心経《はんにやしんぎよう》講話
鎌田茂雄著

数多くのお経の中で『般若心経』ほど人々に親しまれているものはない。わずか二六二文字の中に、無限の真理と哲学が溢れているからである。本書は字句の解釈に捉われることなく、そのこころを明らかにした。

756

正法眼蔵随聞記《しょうぼうげんぞうずいもんき》講話
鎌田茂雄著

学道する人は如何にあるべきか、またその修行法や心構えについて生活の実際に即しながら弟子の懐奘に気骨をこめて語った道元禅師。その言葉を分かりやすく説きながら人間道元の姿を浮彫りにする。

785

華厳《けごん》の思想
鎌田茂雄著

限りあるもの、小さなものの中に、無限なるもの、大いなるものを見ようとする華厳の教えは、日本の茶道や華道の中にも生きている。日本人の心に生き続ける華厳思想を分り易く説いた仏教の基本と玄理。

827

宗教

一日一禅
秋月龍珉著（解説・竹村牧男）

師の至言から無門関まで、魂の禅語三六六句。柳緑花紅、照顧脚下、大道無門。禅者が、自らの存在をその一句に賭けた禅語。幾百年、師から弟子に伝わった魂に食い入る禅語三六六句を選び、一日一句を解説する。

1598

空の思想史　原始仏教から日本近代へ
立川武蔵著

一切は空である。神も世界も私すらも実在しない。仏教の核心思想の二千年史。仏教の核心をなす空の思想は、絶対の否定の果てに、一切の聖なる甦りを目指す。印度・中国・日本で花開いた深い思惟を追う二千年。

1600

正法眼蔵随聞記
山崎正一全訳注

道元が弟子に説き聞かせた学道する者の心得。修行者のあるべき姿を示した道元の言葉を、高弟懐奘が克明に筆録した法語集。実生活に即したその言葉は平易で懇切丁寧である。道元の人と思想を知るための入門書。

1622

インド仏教の歴史　「覚り」と「空」
竹村牧男著

インド亜大陸に展開した知と静の教えを探究。菩提樹の下のブッダの正覚から巨大な「アジアの宗教」へ。悠久の大河のように長く広い流れを、寂静への「覚り」と一切の「空」というキータームのもとに展望する。

1638

世親
三枝充悳《さいぐさみつよし》著（あとがき・横山紘一）

唯識の大成者にして仏教理論の完成者の全貌。現代の認識論や精神分析を、はるか千六百年の昔に先取りした精緻な唯識学を大成した世親。仏教理論をあらゆる面で完成に導いた知の巨人の思想と全生涯に迫る。

1642

正法眼蔵　（一）～（八）
道元著／増谷文雄全訳注

禅の奥義を明かす日本仏教屈指の名著を解読。魂を揺さぶる追力ある名文で仏教の本質を追究した『正法眼蔵』。浄土宗の人でありながら道元に深く傾倒した著者が繰り返し読み込み、その真髄は何かに肉迫する。

1645～1652

《講談社学術文庫　既刊より》

日本人論・日本文化論

小池喜明著
葉隠《はがくれ》　武士と「奉公」
泰平の世における武士の存在を問い直した書。「葉隠」は武士の心得について、元佐賀鍋島藩士山本常朝の語りをまとめたもの。儒教思想を否定し、武士の奉公は主君への忠誠と献身の態度で尽くすことと主張した。

1386

ドナルド・キーン著／足立　康訳
果てしなく美しい日本
若き日の著者が瑞々しい感覚で描く日本の姿。緑あふれ、伝統の息づく日本に思いを寄せて描き出した昭和三十年代の日本。時代が大きく変化しても依然として変わらない日本文化の本質を見つめ、見事に剔り出す。

1562

R・ベネディクト著／長谷川松治訳
菊と刀　日本文化の型
菊の優美と刀の殺伐――。日本人の精神生活と文化を通し、その行動の根底にある独特な思考と気質を抉剔する、不朽の日本論。「恥の文化」を鋭く分析し、日本人とは何者なのかを鮮やかに描き出した古典的名著。
1708

李御寧《イーオリョン》著（解説・高階秀爾）
「縮み」志向の日本人
小さいものに美を認め、あらゆるものを「縮める」ところに日本文化の特徴がある。入れ子型、扇子型、折詰め弁当型、能面型など「縮み」の類型に拠って日本文化を分析、「日本人論中の最高傑作」と言われる名著。

1816

船曳建夫著
「日本人論」再考
明治以降、夥しい数の日本人論が刊行されてきた。『武士道』『菊と刀』『「甘え」の構造』などの本はなぜ書かれ、読まれ、好評を博すのか。２０００超の日本人論の構造を剔出し、近代日本人の「不安」の在処を探る。

1990

相良　亨著
武士道
侍とはいかなる精神構造を持っていたのか？主従とは、死とは、名と恥とは……『葉隠』『甲陽軍鑑』『武道初心集』『山鹿語類』など武士道にかかわる書を読み解き、日本人の死生観を明らかにした、日本思想史研究の名作。

2012